마음 기술

저절로 행복해지는

링ring의 법칙,

비비디 바비두 비

원하는 대로 이루어진다

이영아 지음

콘텐츠1 Books

마음기술

힘내!

인생은 한 순간

바뀌기도 하는 거니까

마음기술…에 대하여

이 책은 누구나 다 지니고 사는 마음세계에 관한 이야기다. 인간은 자기 자신의 영혼의 능력을 마음껏 발휘하기 위해 태어난 존재다. 그러므로 인간의 삶은 설령 생로병사가 목의 패처럼 따라다닐지라도 영원한 세계를 향해 걸음을 떼게 한다. 자유와 평화를 찾아가는 길에 진리를 만날 수 있다면 축복이다.

인간은 저마다 고유 상수常數, 즉 변치 않는 생명의 존엄성을 갖고 태어난다. 한데 우리 삶은 어찌하여 일희일비 움직이는 마음의 변수變數에 휘둘려 살아가게 되었는가? 진짜마음을 찾는 길은 결국 진리탐구의 걸음으로 이어지고, 그 길은 우리 모두가 그토록 바라던 일체 행복비결의 원형을 깨닫게 했다.

변치 않는 마음기술에 대한 원리는 신데렐라와 어린왕자를 만나며 더욱 선명해졌다. 또 이 길에 끝까지 노래를 불러준 '동지'도 있다. 희망의 속삭임! 깊어가는 어둠이 깜빡이는 별을 비추어주지 않나요? 밤이 우리에게 다가오면 왜 낙심해야 하죠? 어두운 한밤중이 끝나면 열리는 저 새벽을 보세요.(Whispering hope, 희망의 속삭임 가사 중에서)

마음

1. 사람이 본래부터 지닌 성격이나 품성.
2. 다른 사람이나 사물에 대해 감정이나 의지, 생각 등을 느끼거나 일으키는 작용이나 태도.
3. 사람의 생각, 감정, 기억 따위가 생기거나 자리 잡는 공간이나 위치.

기술

1. (技術) 이론을 실제로 적용하여 사물을 인간 생활에 유용하도록 가공하는 수단.
2. 사물을 잘 다룰 수 있는 방법이나 능력.
3. (記述) 대상이나 과정의 내용과 특징을 있는 그대로 열거하거나 기록하여 서술함.

|1부| 마법의 셈을 시작해

| 2부 | 두 마음세계

| 3부 | 링ring의 법칙

1부

마법의 셈을 시작해

우리는 지구에 와서 어린왕자도 만나고,

심청도 만나고, 신데렐라도 만난다.

용기를 내어 그녀에게 물었다.

당신의 행운이 내게도 올까요?

재의 소녀 신데렐라

Salagadoola menchicka boola

살라가-둘라 멘치카-불라

Bibbidi-bobbidi-boo

비비디-바비디-부

Put 'em together and what have you got

모두 합치면 무엇이 나올까

Bibbidi-bobbidi-boo

비비디-바비디-부

신데렐라 OST, 소원이 이루어지는 송

잘 살고 싶은데… 행복해지고 싶은데 뜻대로 되지 않아…. 파고드는 상처, 하염없는 결핍, 낯설기만 한 주위사람들. 웅크리다가 숨죽이다가… 그날따라 뱃속에선 쪼르륵… 배고프니까 엄마 생각이 더 납니다.
부엌의 맛있는 음식은 더 이상 그녀의 것이 아니죠. 고기는 익는 만큼 언니들 손에 넘어가고, 따뜻한 아랫목은 소녀가 차지할 수 있는 게 아닙니다. 신데렐라를 따라다니는 건 타고남은 아궁이 검불이 고작일 뿐… 재 가루는 공중을 떠다니며 온몸을 하얗게 덮어갑니다.

재 좀 봐, 재를 뒤집어썼네~

지나가던 아이들이 신데렐라를 보며 '재의 소녀'라고 놀려댑니다. 사람들은 행여 부엌데기 가난한 아이의 신세가 자기 자녀에게도 불똥 튈까 염려하며 비켜 지나갑니다.

발등까지 떨어진 재는 구멍 난 신발을 하얗게 지워갑니다. 물론 어느 누구도 조롱하며 부른 이름 '신데렐라'가 행운을 부른다는 것을 알아채지 못했죠.

재의 소녀, 신데렐라Cinderella

〈신데렐라〉는 오랜 세월 민담으로 전해져 내려오던 이야기를 프랑스 동화작가 샤를 페로가 1697년 그의 동화집 〈옛날이야기Histoires ou Contes du Temps Passé〉에 수록하면서 처음으로 출판되었다.
주인공 '상드리옹Cendrillon'이라는 이름은 '궂은 일을 도맡아 하는 여자'라는 뜻으로, 훗날 '신데렐라'라는 이름으로 널리 알려졌다. 영어 명 'Cinderella'의 스펠링에 따르면 '탄 재'라는 뜻의 '신더cinder'에 여성형 접미사 '엘라ella'가 붙어 지어진 이름으로 '재를 뒤집어 쓴 소녀' '재투성이 아이'라는 뜻을 갖는다.

새엄마와 두 딸은 갖은 멋을 내더니 일찍이 서둘러 나갔습니다. 모처럼 왕자의 무도회가 열린다는 소식이 온 마을에 퍼졌기 때문입니다. 혼자 남은 신데렐라는 이리저리 흩어진 옷가지를 챙기느라 분주합니다.
나도 무도회에 가고 싶다… 마음을 품어보지만 그녀를 기다리는 건 밀려드는 일감뿐. 빨래를 챙겨들고 우물가로 향합니다. 알 수 없는 그리움에 발걸음이 더딥니다. 태양은 어느새 노을로 바뀌었습니다. 재를 뒤집어쓴 소녀 신데렐라에게도 내일이 있을까요?

오치규 作, 재의 날

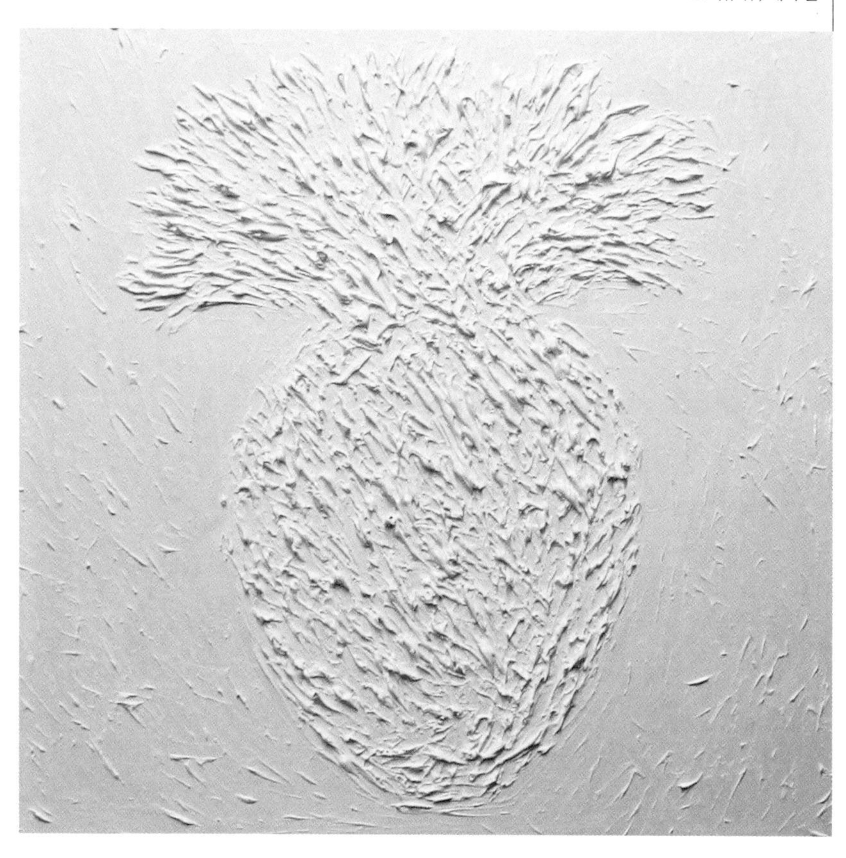

나는 무엇을 알 수 있는가? Was kann ich wissen

나는 무엇을 해야만 하는가? Was soll ich tun

나는 무엇을 희망해도 좋은가? Was darf ich hoffen

칸트

행운은 내 생각 반대편에서 온다

-왜 술을 마시는데요?

-으응, 잊어버리려고 술을 마셔.

-뭘 잊어버려야 하는데요?

-부끄러움을 잊으려는 거야.

-뭐가 그리 부끄러운데요?

-술 마시는 게 부끄러워.

생텍쥐페리 〈어린 왕자〉 1943

오래 전의 일입니다. 〈어린왕자〉를 읽으며 '맞아 맞아. 내가 봐도 정말 이상해'하며 맞장구치던 일이 기억납니다. 우울하네, 힘드네 하는 세상 사람들을 바라보며 어린왕자는 고개를 갸웃하고, 새 생명을 얻은 신데렐라는 이에 찡긋 화답합니다.
시대의 민담 속에 감춰져 있었던 신데렐라는 1950년 화려한 부활을 시작합니다. 〈신데렐라〉는 10여 년 전 〈백설공주〉(1937)가 대성공을 거둔 이후 디즈니가 이뤄낸 '전설'이 되었죠. 아이들은 비비디 바비디 부를 흥얼거리며 자랐습니다. 매직의 자장가는 세계대전의 화염 속에 잊혀진 꿈을 되찾게 하는 응원가이기도 했습니다.

탐나는 매직 송 비비디 바비디 부! 그 열풍이 국내에서도 뜨겁게 불던 시절이 있었습니다.

지난달 14일부터 TV전파를 타고 SK텔레콤 광고에서 장동건과 비가 최고 배우, 최고 가수가 되는 꿈을 이루는 순간 등장하는 주문이다. 장동건과 비는 박수갈채를 받으며 수상 소감을 발표하는 순간 '비비디 바비디부'를 외친다.
'비비디 바비디부'는 월트디즈니 만화 〈신데렐라〉에서 요정이 호박을 마차로 바꿀 때 외우는 주문. SK텔레콤은 월트디즈니사에 '신데렐라송' 저작권료를 지불하고 광고에 사용했다.
히브리어로 '살라가'는 아이, '둘라'는 …를(을), '매치카'는 불태우다, '블라'는 …면이라는 뜻을 가졌다. 이를 연결하면 '아이를 불태우면 소원이 이루어진다'는 무시무시한 뜻이 된다.
동아일보, 2009년 4.24일 42면

'비비디 바비디 부'는 널리 알려진 대로 '바라는 대로 이루어지다'라는 의미를 갖고 있습니다. 장동건과 비 두 스타가 '비비디 바비디 부'를 외치자 박수갈채가 터집니다. 신상품도 덩달아 일등자리를 굳히고 싶었을 겁니다. 한데 문제가 생겼습니다. 비비디 바비디 부에 무시무시한 뜻이 담겨있다는 소문이 나돌기 시작한 겁니다.

살라가둘라 멘치카불라 비비디 바비디 부
모두 합치면 무엇이 나올까?

네티즌들은 연일 인터넷에 떠도는 신데렐라 송Song 괴담의 근거로 비비디 바비디 부의 앞줄을 지목했습니다. 첫 행 살라가Salaga는 '아이'를 뜻합니다. 아이처럼 예쁘고 귀하고 사랑스럽고… 모든 것을 내주어도 아깝지 않은 나의 소유 전부를 의미하죠. 한데 문제는 이 '살라가둘라'가 '매치카불라'와 연결되어 있다는 것입니다. 아이를 불태우면 소원이 이루어진다고?
주문은 예상치 못한 길로 빠져들고, 결국 업체는 광고를 내리기에 이릅니다. 그렇다고 고대로부터 내려온 비비디 바비디 부 주문에서 앞줄이 사라진 걸까요? 그럴 리는 없겠죠. 디즈니 쪽에서도 앞줄을 떼놓은 비비디 바비디 부를 받아들이지 않았을 겁니다.

살다보면 이래저래 터득하는 진실 하나가 있죠. 뜻대로 살기가 무척이나 어렵다는 것입니다. 그런데 내 뜻을 이루어주는 주문이라니? 귀가 솔깃해질 수밖에요 하지만 큰 권능을 제대로 누리려면 인간이 치러야 하는 시험도 만만치 않습니다.

그럼에도 남는 의문, 아이를 불태워야 소원이 이루어진다고? 어릴 적에 귀를 막고 듣던 기억이 납니다. 에밀레종! 종 아래위로 연꽃 피어나고 비천상은 하늘을 나는데, 어떻게 그런 잔혹스토리가 숨겨져 있을까. 서쪽에선 소녀를 불태우라 하고, 동쪽에선 끓는 쇳물에 아이를 넣으라 하고… 국보 에밀레종의 슬픈 사연은 마침내 특단의 조치 앞에 서게 됩니다.

1998년, 포항기술과학원에서 극미량 원소 분석기를 동원하여 종의 성분을 추적했다. 연구결과 뼈 성분을 전혀 포착할 수 없었다고 발표하였다.

다행이네, 가슴을 쓸어내리는데 또 다른 지식이 들려옵니다.

예전엔 종을 만들 때 동물 뼈를 갈아 넣기도 했어요.

인 성분이 쇠의 합성을 용이하게 하는 작용을 하므로 종이나 불상을 만들 때 동물의 뼈를 갈아 넣기도 했다는 겁니다. 아무래도 성분으로 파헤치는 비밀 캐기는 어려울 듯합니다. 관점을 바꾸기 전까지는 말이죠. 동화인데 왜 이토록 무서울까? 의기소침해지는데, 멀리서 낯익은 이야기가 들려옵니다.

내 비밀을 말해줄게. 별건 아니지만 말이야.

무엇인가를 볼 때는 마음으로만 봐야 제대로 볼 수 있어.

정말로 중요한 것은 보이지 않거든. **어린왕자**

이 별에서 저 별로 건너가 사랑이야기를 전하는 신데렐라.

저 별에서 이 별로 건너와 웃는 별을 전하는 어린왕자!

어린왕자는 너무 커서 작은 별이 되고,

신데렐라는 너무 작아져 큰 별이 되었다.

임무를 수행할 것

사람들은 열심히 살면 잘 살아갈 수 있다고 생각한다.

그런데 기이한 일은 열심히 사는 것이 어떤 사람 눈엔 미친 짓으로 보이기도 한다는 것이다.

좀 더 세월이 흐르면 열심히 살던 사람 눈에도

자신이 미친 짓을 하는 게 아닌가 싶어 탄식할 날이 온다는 것이다.

베르베르 베르나르 〈상상력사전〉

어린왕자,

누군가에게 길들여진다는 것은 눈물을 흘릴 일이 생긴다는 것인지도 모른다.

갈매기의 꿈,

당신에게 주어진 중요한 의무는 당신 자신에게 진실해야 한다는 것이다.

프랑스작가 생텍쥐페리의 〈어린왕자〉는 1943년 세상 빛을 보았고, 미국소설가 리처드 바크의 〈갈매기의 꿈〉은 1970년 출간되었습니다. 두 권의 책 모두 비행기 조종사라는 글쓴이 이력이 특별한데다가, 시대를 뛰어넘는 마음속 이야기로 독자의 공감대를 이어갑니다.

내가 그의 이름을 불러주기 전에는 그는 다만 하나의 몸짓에 지나지 않았다. 내가 그의 이름을 불러주었을 때 그는 나에게로 와서 꽃이 되었다. **김춘수 시, 꽃**

인간은 의미의 장場에서 살아가는 존재죠. 우리 모두는 누군가에게 '의미'가 되고 싶어 살아가는지도 모릅니다. 그렇다면 저 하늘도 누군가의 그 의미가 되고 싶어 이 땅을 창조한 것일까, 하늘과 땅의 사랑으로 하나 되는 우리임을 알리고 싶어서일까? 그래서 어린왕자는 지구에 와 양 한 마리를 찾으려 했던 것일까?

하늘과 땅의 사랑!

창조가 빛이라면, 천지는 색으로써 존재를 드러냅니다. 꽃은 색! 색이 된다는 것은 굴절각을 통과하는 일. 빛이 굴절률에 닿자 알록달록 색으로 모양을 냅니다. 염색체 내 생물체 개개의 유전형질을 발현시키기 때문이죠. 빛깔은 색깔. 삼라만상의 색, 곧 만물은 빛깔로부터 왔습니다.

색깔이 빛이라는 것을 빛깔은 압니다. 색깔은 자신이 빛으로부터 온 존재라는 것을 모릅니다. 자기근원을 알지 못하니 빛 앞에 색을 뽐냅니다. 하지만 세상엔 색에 담겨진 수많은 상들이 작품 속에 살아 숨 쉬고 있죠. 시대를 뛰어넘는 작품들은 또한 색을 뛰어넘어 의미를 남깁니다. 글자와 글자 사이 행간엔 뜻이 담겨있고, 음표와 음표 사이엔 찬미의 흔적이 마음을 적십니다.

빛깔색깔이 충만한 곳, 지구는 빛을 따라 생명의 의미를 만들어가고, 인간 역시 저마다의 색과 상을 획득하며 삼라만상의 영장이 되었습니다. 출생과 더불어 생일이 부여되고, 생일은 고유바코드가 되어 저마다의 삶을 살아가게 합니다.
만물의 영장 '인간'이 살아 숨 쉬는 곳, 이 지구는 23도 27분의 기울기 자전축을 중심으로 하루 한 바퀴씩 서쪽에서 동쪽으로 회전합니다. 태양빛을 받는 쪽은 낮이 되고, 태양 빛을 받지 못하는 쪽은 밤이 됩니다. 지구가 태양을 한 바퀴 도는 데 걸리는 시간을 1년이라고 합니다. 이때 태양이 땅 위를 스치면, 23도 27분의 지구 기울기는 해 그림자를 드리우며 스물네 번의 절기를 만들어냅니다.

벽조목霹棗木이라는 나무가 있다. 벼락 맞은 대추나무라는 뜻이지.

아버지의 자연시간. 아이들은 24절기 중간쯤 태풍 몰아치던 날 밤, 벼락 맞은 대추나무 이야기는 어찌나 흥미진진하던지… 번개가 번쩍하면 천둥소리 들리고, 다음날 마을엔 쓰러진 대추나무가 보입니다. 과학이 측정한 전기에너지 값으로는 무려 1억 볼트가 넘는 낙뢰落雷가 나무 안으로 들어간다고 합니다.

벼락 맞은 대추나무 사연이 안타깝긴 하지만, 그럼에도 태양기운을 담뿍 담은 복福도장으로 다시 살아난 대추나무는 나름 자랑이 크지 않을까 싶습니다. 기운 펄펄 벽조목으로 거듭난 생명이치를 제대로 전하고 싶은 재의 소녀, 신데렐라의 걸음이 바빠집니다.

역풍逆風의 진심

누가 바람을 보았나?

나도 아니고 너도 아니네.

하나 나뭇잎이 매달려 떨고 있을 때

바람은 지나가고 있네.

누가 바람을 보았나?

너도 아니고 나도 아니네.

하나 나무들이 고개를 숙일 때

바람은 지나가고 있네.

크리스티나 로제티, 누가 바람을 보았나

하늘을 가로지르는 조나단 사이로 바람이 스칩니다. 바람은 더 큰 공기 저항을 일으키며 하늘 길을 엽니다. 비트윈between을 넘어 비욘드beyond의 계보를 타는 순간이죠. 조나단은 날개를 하늘에 걸칩니다. 그에겐 먹는 것보다 나는 일이 더 중요하니까요.

갈매기는 공중에서 비틀거리거나 속력을 잃거나 하는 법이 없다. 공중에서 속력을 잃는다는 것은 불명예인 것이다. 그런데 갈매기 조나단 리빙스턴은 부끄러움도 모르는 듯, 또 다시 날개를 펴서 뒤틀어 구부리는 힘겨운 커브 자세를 취하고 느리게… 느리게… 속력을 늦추어가다가 마침내 또 다시 속력을 잃고 마는 것이었다. **갈매기의 꿈, 리처드 바크**

기류에 부딪치는 물체는 공기저항을 일으키고, 이 마찰의 힘은 수직방향으로 물체를 들어 올립니다. 공기흐름이 얼마나 탄탄한지 조나단의 날개도 띄우고, 수 만 마리 철새도 날고 비행기 날개도 가볍게 받쳐줍니다. 나아가려는 힘에 속도가 붙으면 공기마찰은 더욱 거세집니다.

바람과 기류氣流

바람은 수평방향의 공기의 흐름을 말하고, 기류는 수평-수직 방향의 공기의 흐름 모두를 의미한다. 공기의 흐름이 생기는 이유는 찬 공기와 더운 공기와의 마찰로 인한 대류현상이 일어나기 때문이다. **지식백과**

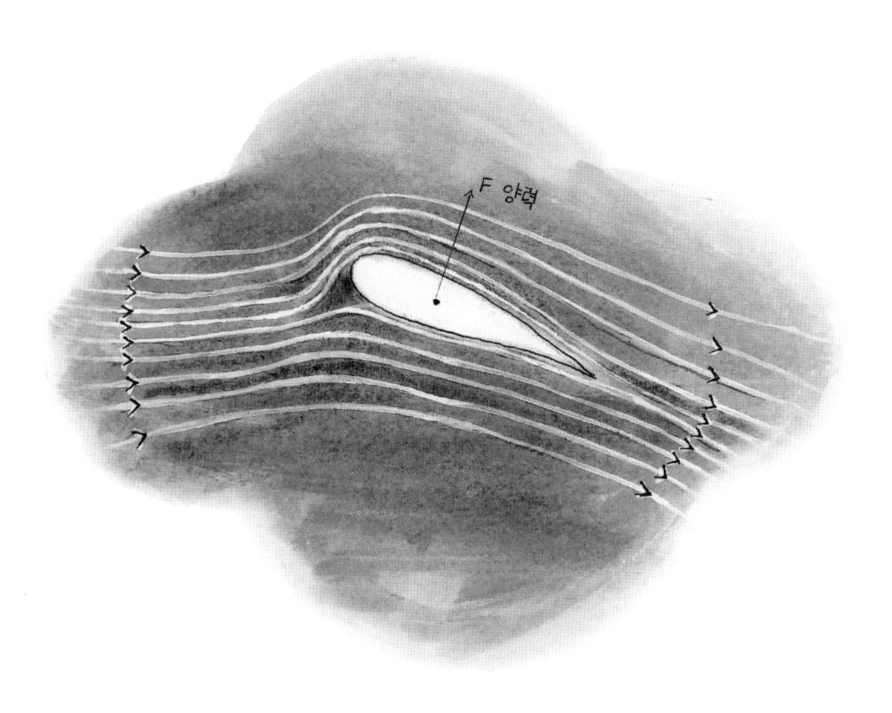

유체 속을 운동하는 물체에 운동 방향과 수직방향으로 작용하는 힘, 양력揚力_lift의 원리는 A4용지로도 관찰이 가능합니다. 종이 모서리 중 짧은 변 두 개 끝을 잡고 위로 바람을 보내면 종이의 다른 면이 살짝 들려지는 현상을 볼 수 있습니다. 이렇게 고체와 유체 사이에 움직임이 있을 때 그 움직임에 수직의 방향으로 힘이 발생하는데, 들리는 힘 양력입니다.

그가 슬픈 것은 고독 때문이 아니라, 다른 갈매기들이 앞에 놓인 멋진 비행을 믿으려 하지 않아서였다. 그들은 눈을 뜨고 보기를 거부했다. **갈매기의 꿈**

비행기는 하늘 아래 땅을 달리며 힘써 저항을 일으키고, 붕새는 하늘 위 역풍을 맞으며 기꺼이 날아갑니다. 인생 저항과 마찰이 아프고 서러운 날, 어둠 사이로 별들이 위로와 응원을 보냅니다. 갈매기 조나단의 날개가 별빛을 받아 반짝입니다.
푸른 하늘 은하수는 샛별 등대가 되어 조나단을 비추겠죠. 날개 아래 세상이야기. 성냥팔이 소녀도 보이고, 구두쇠 스크루지의 안 열리는 지갑도 보이고, 황금가지 전설이 된 소년도 지나갑니다.

황금가지 전설

유대인 민담에 따르면 축복 받은 황금전나무가 있는데, 그 권능이 얼마나 센지 크리스마스 때 이웃을 도운 사람이라면 작은 마을에까지 찾아가 하늘축복을 내린다고 한다.

성탄 전날, 소년은 놀고 싶었지만 엄마의 심부름을 해야 했다. 멋진 크리스마스트리 나무를 사오라는 것이다. 소년은 아침 일찍이 마을 건너편 장터로 향했다. 가는 길에 외딴 집 할머니를 만났다.

크리스마스를 같이 보낼 사람이 없구나.

할머니의 쓸쓸한 표정이 맘에 걸렸다. 소년은 생각했다. 가난하니 이웃 만나는 일도 어렵겠네. 나무를 살 때 좀 깎아달라고 하자. 그 돈으로 마을 분들과 식사를 하시면 덜 외로우실 거야.

식사비를 건네고 읍내에 도착할 때는 해가 중천에 떠있었다. 시장기가 느껴져 식당을 찾았다. 문에 들어서려는데, 배고프다며 떼쓰는 아이울음 소리가 들렸다. 엄마는 지친 얼굴로 아이를 달래고 있었다. 나무 값을 더는 깎을 수 없다. 점심을 건너뛰자. 그 돈이면 아이가 파이를 사먹을 수 있을 거야.

파이를 사드세요.

소년은 배가 고파도 기분이 좋아질 수 있다는 사실을 알게 되었다. 발길을 돌려 장터로 향했다. 그곳에서 소년이 먼저 만난 건 나무가 아니었다. 한 노인이 한쪽 다리가 아픈지 힘겹게 걸음을 옮기고 있었다. 지팡이만 있어도 걷기가 편할 텐데. 이번엔 나무 값에서 돈이 나가는 수밖에 없다.

지팡이 사는 데 보태세요.

다시 걸음을 떼는 소년은 나무를 사지 않아도 기분이 좋아질 수 있다는 사실을 알게 되었다. 장터엔 아무도 없다. 날이 저물어 상인들이 다 떠난 것이다. 그제야 생각났다. 엄마한테는 뭐라고 말하지? 하지만 오늘 벌어진 일들을 생각하니 다시 행복해졌다. 야단맞을 일도, 크리스마스 트리를 구하는 일도 그 다음이다.
집으로 향하는 길에 나뭇가지 하나가 떨어져 있는 것을 보았다. 잘 다듬으면 트리를 만들 수 있을 것도 같다. 소년은 다시 기분이 좋아졌다. 이나마 주울 수 있는 것도 축복이지. 나뭇가지를 허리춤에 차고는 걸음을 재촉했다.

늦도록 들어오지 않는 아들이 걱정된 엄마는 동네 어귀로 나갔다. 어둠 속에 아들 모습이 눈에 들어왔다. 그런데 엄마는 아들 이름을 부르는 대신 "얘야, 얘야, 저건?"을 되뇔 뿐이었다.

소년도 이상하단 느낌이 들었다. 허리에 매단 나무가 점점 무거워지는 것이다. 끈을 풀어 나무를 내려놓으려 했으나 쇳덩어리마냥 꼼짝도 않는다. 뿐만 아니다. 골목 안이 점점 환해지는 것이다.

아들아, 나무는?

여기 있어요. 물론 엄마가 기대한 나무는 아니지만. 솔가지와 방울을 달면 멋진 크리스마스트리가 될 거예요.

그런데 나뭇가지는 어디로 갔지?

바닥엔 황금으로 빛나는 '크리스마스 축복나무'가 소년을 환히 반기고 있었다.

내 이름은 붕새

아이는 그림책 속 동물을 가까이에서 보고 싶었다. 드디어 어린이날이 왔다. 아빠 손을 잡은 아이는 행복했다. 내가 좋아하는 사슴도 볼 수 있겠지? 예쁜 앵무새도 볼 거야.

다음날, 유치원 선생님이 말했다.

-어린아날 본 풍경을 그려보겠니?

웬일인지 아이는 풀이 죽어있었다. 잠시 후 선생님은 깜짝 놀랐다.

-얘야, 어제 본 동물들을 그려야지. 이건 작대기잖아.

스케치북엔 작대기들이 어지러이 겹쳐 있었다. 아이는 울먹였다.

-어른들이 앞을 가려 동물들을 볼 수 없었어요.

작은 키 아이 눈에 들어온 건 긴 막대기, 아니 어른들의 다리였다.

오래된… 그러나 오래도록 기억하고 싶은 고대 중국의 사상가 장자莊子(BC369-BC289). 그가 직접 쓴 것으로 알려진 내편의 첫 장 '소요유' 편엔 하늘 나는 물고기 이야기가 나옵니다. 파도 높이 치던 날, 작은 물고기 한 마리가 바다를 솟구치며 하늘 높이 날아오르기 시작한다는 겁니다. 그게 가능이나 한 일일까,

북쪽바다에 곤鯤이라 불리는 물고기 한 마리가 있었다. 어느 날 이 곤이 하늘을 향해 날아오르는데, 삼천리 치솟는 파도는 구만리 구름을 일으키며 곤을 하늘에 띄웠다. 사람들은 하늘에 뜬 거대한 날개를 보며 '붕鵬새'의 전설을 떠올렸다. **장자, 소요유 편**

노닐 소逍, 거닐 요遙, 즐길 유遊!

노닐고 거닐고 즐기는 삶이 세상에 과연 존재할까 싶지만, 있습니다. '오래된 미래'를 그 옛날에 꺼내든 사상가 장자. 그의 소요유는 노래가 되어 인간의식 안에 든 이상향理想鄕을 깨워갑니다.

이상향! 삭막한 인생살이가 지어낸 이름이겠거니 지나치려다가도, 상상에서나마 그곳에 머물다오면 얼마나 좋을까 싶은 사람들은 삶 곳곳에 그리움의 흔적을 남깁니다. 그림을 그리기도 하고 글을 쓰기도 하고… 아예 그리움을 넘어 현실에서 유토피아의 실전을 누리는 복된 사람도 있습니다.

아름다움은 찾는 이의 소유!

이 말이 얼마나 진실 된 것인지를 척박한 삶 속에 꽃피워낸 인물. 장자의 소요유는 간절한 그리움으로 현실을 위대한 이론의 장으로 바꾸며 이상향이 곧 세상임을 만천하에 선포합니다. 이렇게 말이죠.

어느 날 장자에게 벗 혜자가 말합니다.

위나라 임금이 큰 박 씨를 하사하였다네, 씨를 심자 얼마 후 쌀 다섯 섬이나 담을 수 있는 큰 박이 열렸다 하지 뭔가,

혜자 덧붙이길,

큰 박을 갈라 물을 채웠더니 너무 무거워 들 수가 없고, 쪼개서 바가지로 쓰자니 길이가 너무 길고, 무엇을 담자니 깊이가 너무 얕아 아무짝에도 쓸 수 없었다네.

장자 화답하길,

자네는 큰 것을 쓸 줄 모르는군. 다섯 섬을 담을 만한 큰 박이라면 배를 지어 강에 띄울 생각은 왜 하지 못하는가?

박의 기준이 일반과 다르니 큰 박을 내다버려야 하지 않겠느냐는 혜자 입장과, 큰 박을 그 자체 존재로 보아 배를 만들어 강에 띄우자는 장자와. 이 두 사람이 박 하나를 경계에 두고 마주바라보고 있습니다. 장자는 알고 있습니다.

그대들이여, 노닐고 거닐고 즐기는 삶을 원하는가? 어서 그 강을 건너오게나.

인간은 장엄의 미학을 경험하기 위해 태어났다. **베르나르 베르베르, 상상력사전**

큰 박! 쪽 내 버리고 말 쪽박인가, 클 대大자의 비전을 품은 대박인가? 성철스님은 산은 산이고 물은 물이라 하는데, 배를 산에 띄울 수 없고 바다에 나무를 심을 수는 없는 일. 큰 시선은 큰 박이 혜자에게서 벗어나 장자의 품에 어서 안기길 기다립니다. 물론 쪽박도 작은 박으로서의 자기임무를 다할 것입니다.
천상천하 창조된 모든 것이 자기고유성을 갖고 있기에 리조이Rejoy인 것이죠. 그러므로 혜자가 말한 큰 박은 틀린 것이 아니라 다를 뿐. 이 같이 다름이 틀림으로 둔갑한 사건에 대해, 성경은 창세기 3장의 '선악과 사건'을 기록하며 단초 하나를 남겨놓았습니다.

여자가 그 나무를 본즉 먹음직도 하고 보암직도 하고 지혜롭게 할 만큼 탐스럽기도 한 나무인지라 여자가 그 열매를 따먹고 자기와 함께 있는 남편에게도 주매 그도 먹은지라 이에 그들의 눈이 밝아져 자기들이 벗은 줄을 알고 무화과나무 잎을 엮어 치마로 삼았더라

그들이 그 날 바람이 불 때 동산에 거니시는 여호와 하나님의 소리를 듣고 아담과 그의 아내가 여호와 하나님의 낯을 피하여 동산 나무 사이에 숨은지라 여호와 하나님이 아담을 부르시며 그에게 이르시되 네가 어디 있느냐 이르되 내가 동산에서 하나님의 소리를 듣고 내가 벗었으므로 두려워하여 숨었나이다

이름 하여 선악과善惡果… 인간을 상징하는 나무죠. 배나무엔 배가, 사과나무엔 사과가 달리는데, 이 나무엔 두 종류의 열매가 달린다는 겁니다. 선과 악이라는…

선악과善惡果

먹으면 선악을 알게 된다는 선악과나무 열매. 아담과 하와가 뱀의 유혹에 빠져 하나님계율을 어기고 따 먹음으로써 원죄를 범했다고 한다.

친절한 국어사전을 읽다가 문득 의문이 듭니다. 독이 든 사과를 먹다가 깊은 잠에 빠져든 백설 공주처럼 우리 역시 '선악과'를 먹은 후 깊은 잠에서 깨어나지 못하고 이 세상을 살아가는 것은 아닐까? 신약성경 전반에 지대한 영향을 끼친 사도 바울 역시 이 부분에 대해서만큼은 자유로울 수 없었나 봅니다.

내 속 곧 내 육신에 선한 것이 거하지 아니하는 줄을 아노니 원함은 내게 있으나 선을 행하는 것은 없노라 내가 원하는 바 선은 하지 아니하고 도리어 원치 아니 하는 바 악은 행하는 도다 **로마서 7:18-19**

우주진리 자리에 개체, 즉 '전체(진리)'를 모르는 내가 떡 하니 자리 잡고 자기를 뽐내는 것, 선악과를 먹고 난 이후 나타난 증상입니다. 자기관념, 자기주장, 자기 옳음, 자기의리, 자기 진선미, 자기선함, 자기가치, 자기 틀로 인생을 주장해갑니다. 때로는 생각의 선함으로, 때로는 생각의 악함으로… 자승자박이죠.

인간은 왜 원치 않는 악을 행하게 되는 것일까? 선의 머리는 다시 욕망을 향하고, 욕망의 끝은 다시 꼬리가 되어 인간의 발뒤꿈치를 무는 것일까? 착한 마음 위하는 마음으로 출발한 일들이 어찌하여 위선으로 꼬이는가? 외줄타기 벼랑 끝으로 몰아가는 나의 무지가 야속해집니다.
무지無知, 무엇을 아는 바가 없다는 말인가?

무지無知

1 아는 것이 없음.

2 미련하고 우악스러움

국어사전

여호와의 말씀을 들으라 여호와께서 이 땅 주민과 논쟁하시나니 이 땅에는 진실도 없고 인애도 없고 하나님을 아는 지식도 없고 **호세아 4:1**

누구든 이 하루에 태어나서, 그 하루에 죽음을 맞습니다. '오늘'이라는 시공간을 타고서 말이죠. '오늘'의 주인공은 바로 나입니다. 나라는 존재를 결정하는 것은 의식입니다. 세상 만물만상을 자기중심, 자기인식으로 선과 악으로 구별합니다. 창세기 3장의 선악과 사건 이후 생겨난 '자기 병'이죠. 자기 눈높이로 상대를 차별하고, 나의 옳고 그름으로 저의 상황을 쪼개고 나눕니다.

내 눈을 통과하는 순간 '다르다'는 '틀렸다'로 왜곡현상을 일으킵니다. 그 나무를 본즉 먹음직도 하고 보암직도 하고 지혜롭게 할 만큼 탐스럽기도 나무인지라, 상대가 나에게 맞으면 맞고, 맞지 않으면 틀렸다고 등을 돌립니다.

빨강과 파랑은 다른 것인가, 틀린 것인가?

내 생각과 다르면 너의 생각은 틀린 것인가, 다른 것인가? 빨주노초파남보 무지개 색은 모두 빛으로부터 온 상(형상, 형태)이라는 것을, 다 같이 빛으로부터 온 다름이라는 것을 아는 것, 곧 무지로부터 벗어나 하늘시선(전체의식, 조감도)을 갖는 것, 이로부터 소요유의 자유가 모습을 드러냅니다. 만천하 생명의 존엄성을 찬란히 비추며!

내 이름은 붕새! 마침내 하늘구름에 날개를 걸친 곤은 한 번 숨에 수개월을 날고, 한 번 날갯짓에 구만 리 장천을 날아갑니다. 하늘 위 자유를 보며 사람들이 외칩니다.

붕새다! 절대강자 자유영혼 장자의 정신을 기리며.

천상천하유아독존 天上天下唯我獨尊

우주 안에서 '나我'가 가장 높고 존귀하다는 뜻이다. 여기서 '나'라 함은 유심唯心, 곧 깨친 마음과 우주의 근본을 의미한다. 자기의 육체가 가장 높고 존귀한 것이 아니라, 진리를 깨친 본성자리에서 보면 성현이나 지금 태어난 자기나 다 같은 본성을 가지고 있기 때문에 깨우친 마음, 자기가 사라진 자기마음이 가장 높고 존귀하다. **원불교대사전**

시대마다 우리마음을 다잡아가는 단어가 있죠. 오늘날 각자도생各自圖生이라는 야박한 프레임이 심정을 아릿하게 할지라도 '공유-공생-공감'이라는 3가지 키워드로 시대를 끌어가는 21세기 정의가 있어 따뜻합니다. 진실은 삶 속에 진리를 새기고, 시대마다 지친 현실을 위로하는 단어를 남겨둡니다.

유토피아Utopia

영국의 정치가이며 인문학자인 토마스 모어(1478~1535)의 정치적 공상소설. 르네상스 휴머니즘의 정신을 반영하고 있으며 종교적 관용 ·평화주의 ·남녀교육의 평등 등을 주장했다. 근대소설의 효시로 사회사상사적으로도 고전으로 여겨지고 있다. 제목 '유토피아'는 본시 그리스어에서 유래한 것으로 '아무데도 없는 나라'라는 뜻이었으나 이 작품을 계기로 '이상향理想鄕'이라는 뜻을 가지게 되었다.

유토피아, 두피디아 지식백과

인간성 상실의 중세를 벗어나 고대 그리스 로마 문화를 부흥시키려는 르네상스의 문화운동 유토피아utopia는 그리스어의 '없는'을 뜻하는 'ou-'와 '장소'의 의미어 'toppos'가 결합하여 만들어졌습니다. 앞의 'ou-'는 동시에 '좋은'을 뜻하는 'eu-'로 치환되면서 사막의 오아시스와 같은 '좋은 장소' 이상향의 의미를 갖게 됩니다.

자유하게 산다는 것이 무엇인가?

내 생각대로 살아가는 게 자유가 아니라는 것을 깨닫는 일로부터 시작됩니다. 육신으로부터 치솟는 칠정七情, 즉 자기감정에 매여 사는 나의 삶이 가유假有에 종살이하는 것임을 깨달아지고 재cinder의 자리를 통과하는 것이 우선입니다.
맞다, 틀리다 하며 세상을 선악으로 나누던 자기중심의 눈이 감기는 단계죠. 침례 세례 성불 등의 종교용어가 여기에 등장합니다. 내면의 진리의 본성(원형, 본질) 거듭남의 세계라고 일컬어지는.

이때 창조의 진실은 틀림이 아닌 다름으로써 자유와 평강의 지대로 넘어가게 하니, 이제껏 피조로 여겨온 인간의식이 '재cinder'가 되어 사라지는 것이 신기합니다. 이는 곧 본래 의식의 주어主語인 창조의 주체로서 영성(정신)의 영역(계보)이 바뀌는 것을 의미합니다.

디폴트default

영어의 'default value'에서 유래한 말로, 별도 설정을 하지 않은 '초기 값', 즉 '기본 설정 값'을 의미한다. 예를 들면 게임 주인공의 디폴트 네임. 컴퓨터 공학 관련자들은 실생활에서도 이 용어를 쓰는 경향이 종종 있다. 디폴트를 '기본적' '밑바탕'이라는 뜻으로 사용한다. **나무위키**

밥을 먹으면 배가 저절로 부르듯, 필름에 찍힌 수많은 상들이 빛을 받으면 한순간 사라지듯… 의식의 주어(주체, 주인, 축)가 '진리(빛, 빛의 인격)'로 바뀌면 육신으로부터 일어나는 어둠의 상들이 지워지는 '디폴트'의 과정을 맞게 됩니다. 이때 비로소 천동설의 나에서 지동설의 나로 의식의 영역이 바뀌는 것을 볼 수 있죠.

해를 가리던 달… 진리를 가리던 나입니다.

이 고백이 나오는 거죠. 그제야 천동설의 나에서 지동설의 나로 의식의 영역이 전환되는 것을 인지하게 됩니다. 이제까지의 나(개체의식의 시각)를 벗어나 이제부터의 나(전체의식의 시선)로 영성에 변화가 일어나는데, 피조에서 창조로 넘어가는 거듭남의 세계라고도 말할 수 있습니다.

진리를 알지니 진리가 너희를 자유하게 하리라! **요한복음 8:32-**

진리는 인간이 머리로 해석하여 얻어지는 것을 넘어서서, 이제까지 나를 지배해 온 선악과 의식이 지워지며(디폴트) *내면으로부터 '진짜'가 드러나는… 발견이다!*

이 세상을 각각의 고유성으로서 존중하는 하늘시선 주어의 바뀜은, 요한복음 마지막 21장에 주어를 묻는 예수와 그에 답하는 제자 베드로의 모습에서 극명히 볼 수 있습니다.

예수께서 시몬 베드로에게 이르시되
요한의 아들 시몬아 네가 나를 사랑하느냐 하시니,
베드로가 가로되 내가 주를 사랑하는 줄
주께서 아시나이다.

얼마 전만 해도 "주와 함께 죽을지언정 주를 부인하지 않겠나이다." 기세등등 떠벌이던 베드로가 이렇게 말합니다.

내가 주를 사랑하는 줄 주께서 아시나이다.

예수의 십자가 죽음으로 제자의 자리도 떠나가고, 고향에 와서도 빈 그물로 날을 지새우던 베드로. 철저히 '무無'의 자리에 나앉게 된 빈털터리 베드로, 그는 마침내 재가 되어 자기가 버려지고 지워지며 주어가 바뀌는 자신을 봅니다. 주를 사랑하는 줄 주께서 아신다는 거죠.

고난의 긍정적 효과는 기도하게 하는 것이다.

재의 자리에 현현히 드러나는 하늘지평, 누더기 옷 베드로가 사라지며 내면이성의 본체가 원형을 드러냅니다. 진리가 주어 된 삶은 예수의 유언처럼 '다 이루어진' 세상을 발견해 가는 것. 세상의 왜곡현상에서 벗어나 진리의 눈으로 세상을 바라보며 "아하!"가 터지는 거죠. 세상은 틀린 것이 아니라, 다를 뿐이라는 진실을!

무색無色 무성無聲, 무향無香, 무미無味, 무촉無觸이 허공이다. 아무 특성이 없는, 말 할 수 없는 것이 허공이다. 소리가 없어 모든 소리를 발하고, 냄새가 없어 모든 냄새를 발하고, 맛이 없어 모든 맛을 발하고, 촉이 없어 모든 촉을 발하는 텅 빈 질료, 가능성으로 꽉 찬 '그것'이 허공이다.

허공은 가장 큰 의식이다. 허공이 있어 '나'라는 개인의식이 발화한다. 허공에서 왔음으로 자아가 허공이다. 한계 지어진 내 몸과 조건에 의해 나타났다 사라지는 내 마음은 언제나 허공성이다. 허공에서 와서 허공으로 머물다 허공으로 돌아간다.

오고감도 없고 오고감이 없기에 머문 바도 없고 항상 그 자리, 허공은 변함이 없고 충만하다. 허공은 있는 것도 없는 것이 아니기에 대상일 수 없는, 그것인 것이다. 모든 것 그 자체다. 모든 것과 하나로 통하고 하나로 춤춘다.

매순간 우주는 허공 춤이다. 어느 날 '나'라는 뜬구름이 문뜩 허공으로 시선을 돌릴 때 그 순간 생명이 깨어난다. '전체로써의' 내가 파동 속에 빛난다. 나 봄! 조건화 개체된 나의 옷을 벗으니 무조건인 전체허공이 나의 옷이다. 시작도 끝도 없는 허공을 입는다. 색이 된 빛, 빛이 된 색! See the Unseen… 나 봄!

나봄명상예술원, 이기와

지도에도 없는 나라

만약 당신이 지금도 나를 기다리고 있다면

집 담장 밖 오래된 참나무에 당신의 머리에 달던 노랑 리본을 달아줘요.

버스를 타고 지나가다가 나무에 노란 리본가 걸려 있지 않다면,

나는 집을 그냥 지나칠 수밖에 없다오.

토니 올랜도 Tony orlando**의 노래**

1970년 초 뉴욕포스트지에 'Going Home-귀향'이란 제목의 칼럼이 실립니다. 이 글은 토니 올랜도가 불러 널리 알려지기 시작했습니다. Tie a yellow ribbon round the old oak tree 참나무에 노란 리본을 묶어주오. 당신이 나를 원한다면…

주인공은 오늘 집으로 돌아갈 수 있을까, 창밖을 내다봅니다. 잠시 후 그는 눈을 의심합니다. 나무에 걸린 저건…? 집 담장 옆 참나무엔 노랑 나비들이 잎을 노랗게 물들이고 있었습니다. 희망을 먼저 알아본 건 나비였을까. 그것도 하나가 아닌, 수십 수백 개의 리본들이 눈부신 햇살에 반짝입니다.

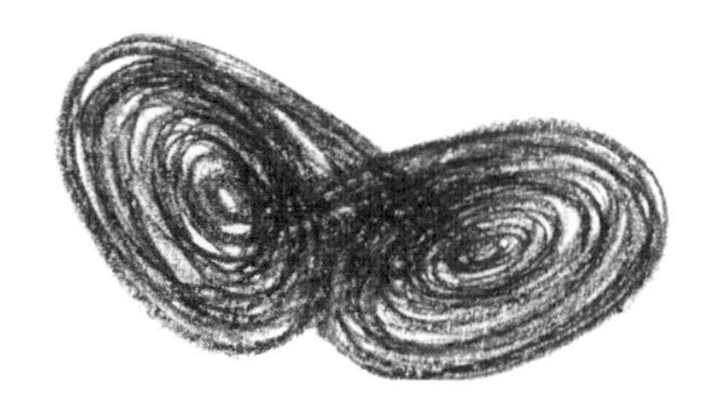

나비가 그립기는 지구 저편도 마찬가지이죠. 사람들은 창밖을 내다봅니다. 입춘은 음력으로 따지면 1월, 양력으로는 2월4일경입니다. 영락없이 춥습니다. 입춘이라는데 왜 이리도 춥지? 사람들은 대문에 '입춘대길立春大吉' 넉 자를 써 붙이고는 옷깃 여미며 집으로 들어갑니다. 나비야, 나비야 어서 날아 오너라~

미국의 한 사무실에 날아든 '나비' 한 마리도 그 대열에 끼어있었죠. 1961년 '나비효과'라는 이름의 사건이 발생합니다. 지구 어디에서인가 일어난 조그만 사건으로 인해 변화무쌍한 일이 벌어진다는.

브라질에 있는 나비의 날갯짓이, 미국 텍사스에 토네이도를 발생시킬 수도 있는가? Does the flap of a butterfly's wings in Brazil set off a tornado in Texas? **에드워드 노턴 로렌츠**

기상학자 로렌츠E. N. Lorenz(1917-2008)는 그날도 평소와 다를 바 없이 컴퓨터에 앉았습니다. 기상관측에 필요한 데이터 값을 계산하기 위해서였죠. 끝없이 늘어나며 바뀌는 화면의 미세수치를 들여다보던 로렌츠는 한 가지 조치를 취하게 됩니다. 영점 이하 세 자리까지의 숫자만 데이터 값에 대입하기로 하고 남은 숫자는 버리기로 한 것인데요. 그때까지만 해도 예상치 못한 일이 벌어질 거라곤 생각지 못했죠.

조금 전만 해도 별 탈 없는 그래프였는데, 잠시 사이에 뒤죽박죽되어 있었어요.

오르락내리락 뒤엉키는 그래프 숫자를 보며 그는 머리를 싸맵니다. 이런 '혼란'이 왜 생겼지? 고민하던 로렌츠는 조금 전 그가 한 일을 떠올렸습니다.

혹시, 무시하고 버린 작은 소수점 때문일까?

그가 두 번째 수치를 계산할 때 빠른 속도를 내기 위해 길게 늘어나는 소수점 가운데 네 번째 자리 이하를 반올림하여 처리하려고 한 사실을 다시 따져보기로 한 것입니다. 초기 설정 값 '0.506127'의 소수점 이하 '…127'을 생략하고 앞자리 '0.506'만을 입력하면서 벌어진 사태일지도 몰라.

0.000127의 역습!

작지만, 컸습니다. 별 볼일 없는 숫자가 아니었던 거죠. 그가 버린 숫자 '…127'은 날개를 달고 아마존 강을 건너기 시작합니다. 미국 텍사스에 도달할 무렵엔 강력한 회오리바람 토네이도의 위협으로 나타날 수 있는 '나비'입니다. 미세한 변화나 사소한 행위가 예상하지 못한 큰 변화를 초래할 수 있다는 '나비효과'는 훗날 카오스 이론의 토대를 이룹니다.

나비는 오늘도 우리의 삶 속을 누비고 다니며 웃고 우는 인생사를 지나갑니다. 한 순간의 선택이 얼마나 예기치 않은 일들을 만들어내는가? 어제와 오늘, 그리고 내일의 시공간을 오르내리는 이 나비는 가장 가까운 곳에도 수시로 날아들며 매머드급 위력으로 몸집을 키우기도 합니다.

무심코 버린 숫자의 역습, 지도 어디에도 없는 인간의 마음세계!

작은 나비는 오늘도 카오스 세상을 넘나들며 때로는 만남으로, 때로는 이별을 고하며 희비를 가릅니다. 아마존의 나비는 런던에 내린 빗방울이었다가 티베트고원 위에 피어난 고독한 꽃이었다가, 만남과 이별을 오가며 흔들리는 사랑의 맹세였다가.

흔들리지 않고 피는 꽃이 어디 있으랴
이 세상 그 어떤 아름다운 꽃들도
다 흔들리면서 피었나니
흔들리면서 줄기를 곱게 세웠나니
흔들리지 않고 가는 사랑이 어디 있으랴

젖지 않고 피는 꽃이 어디 있으랴
이 세상 그 어떤 빛나는 꽃들도
다 젖으며 피었나니
바람과 비에 젖으며
꽃잎 따듯하게 피었나니
젖지 않고 가는 삶이 어디 있으랴

도종환, 흔들리지 않고 피는 꽃이 어디 있으랴

쥐구멍에도 볕들 날

1901년 미국 시카고 출생.

가난한 이민농부의 넷째 아들로 태어났다.

틈만 나면 석탄 조각으로 농장의 가축을 그렸다.

그중엔 쥐도 있었다.

그는, 바로… 월트 디즈니(1901-1966)*!*

자연은 한겨울에 봄의 싹을 틔우고, 진리는 불의不義 한가운데 희망의 깃발을 꽂으며 새 길을 열어갑니다. 신데렐라도 흰 눈 같은 재의 겨울을 지나 비비디 바비디 부를 외칩니다. 밤하늘에 별이 반짝이고, 마법지팡이는 빛을 뿌릴 곳을 찾아 나섭니다. 그날 밤, 비비디 바비디 부의 매직은 구석진 지하방 한 청년에게 다가가고 있었습니다.

분주히 오가는 세상걸음 속에 디즈니는 언제나 빠져 있습니다. 그를 반길 곳은 어디에도 없습니다. 재의 소녀 신데렐라의 손짓을 빼놓고는.
당시 디즈니는 생계가 막연한 처지였죠. 농사일을 돕다가 고등학교 졸업 후 만화가가 되지만 출판사로부터 그림이 마음에 들지 않는다는 이유로 쫓겨납니다. 결국 집세마저 밀려 노숙자 신세가 되고 맙니다. 다행히 인근교회의 도움으로 지하창고 방에 기거하게 되는데, 밤낮으로 어두운 이 지하실에서도 별을 볼 수 있을까요?

저를 따라오세요.

지금은 세상 사람들의 로망이 된 신데렐라이지만, 그녀가 관심 갖는 이들은 따로 있습니다. 자신의 이름에 새겨진 '재의 날'을 기억하기 때문이죠. 재가 수북한 신데렐라의 신발을 보며 사람들은 힐끗거리며 지나갔죠.

구두가 안 보이네, 유리 구두라도 신었나?

이러한 소녀의 구구절절 스토리가 동화 속 주인공의 이야기로 그친다면 옛날동화가 오늘에 이르기까지 지구 구석구석 전해질리 없겠죠. 희망은 어둠의 자락을 물고 나타나는 걸까. 갈 곳 없는 청년을 먼저 알아보는 일은 신데렐라에겐 어려운 게 아닙니다. 그날 밤, 지하의 어둠은 이제나 저제나 마법의 시간이 깨어나길 기다리고 있었을 테고요.

잠을 청하려는데 어디선가 찍찍대는 소리가 들려왔습니다. 그중 한 꼬마가 나를 빤히 쳐다보는데, 작고 동그란 눈이 어찌나 초롱초롱 빛나던지.

황금마차로 변한 신데렐라 동화 속 도마뱀은 이번엔 여러 마리의 생쥐로 변신해 있었습니다. 그들은 디즈니에게 다가오고 있었습니다. 디즈니에겐 낯선 친구들이 아닙니다. 어릴 적 농장 근처에서 익숙히 보아왔으니까요. 이때 작은 작은 생쥐 하나가 까만 눈을 반짝이며 말을 걸어왔습니다.

쥐구멍에도 볕들 날이 있답니다.

작은 꼬마 쥐도 디즈니처럼 쥐구멍 지하에 살고 있었던 거죠. 마침내 그의 손끝은 머리에 빨간 리본을 단 '미키 마우스'를 탄생시켰고, 미키는 지구어린이들의 사랑을 듬뿍 받으며 꿈과 상상을 깨워갔습니다. 물론 디즈니의 사랑도 잊지 않았죠. 부와 명예까지도.

1928 ‘최초’의 수식어가 붙는 해. 최초의 미키마우스 영화이자 최초의 유성 애니메이션 〈증기선 윌리〉를 제작.

1934 단편애니메이션 〈현명한 암탉〉 제작, 도널드 덕이 첫 등장한다.

1937 최초의 컬러 장편애니메이션 〈백설공주와 일곱 난쟁이〉 개봉, 장편애니메이션 시대를 연다.

캐릭터 상품까지 인기를 끌며 흥행 성공,

1950 디즈니의 첫 100% 실사영화 〈보물섬〉을 시작으로 실사영화 제작.

2차 대전 후 처음으로 선보인 장편애니메이션 〈신데렐라〉 대 흥행.

나 이렇게 소원을 빌지. 지금보다 더 큰 꿈을 꿀 수 있는 시간을 믿어!

디즈니 100주년 기념작 〈위시Wish〉 중에서

감춰진 보물

요술램프가 있으면 좋겠어요.

얘야, 꿈같은 소리 하지 마라.

이 같은 어른들 핀잔에 기죽는다면 아이일리 없다.

밤하늘에 별 뜨고… 아이들은 하늘을 바라며 초롱초롱 그날을 꿈꾼다.

요술램프를 찾고야 말 거야!

오랜 세월 꿈 너머 꿈을 전해온 '고도원의 아침편지'는 오늘도 비전이 된 꿈 이야기를 전합니다. 그 옛날 '꿈 너머 꿈'을 전한 한 공주의 이야기를 우리는 알고 있죠.

거울아, 거울아. 세상에서 누가 젤 예쁘니?

자기가 세상에서 제일 예쁘다고 생각한 왕비는 자신 있게 거울에게 묻는데요. 들려온 답은 뜻밖의 이름이었죠.

백설 공주랍니다!

아주 오랜 옛날, 하늘에서 깃털 같은 눈송이가 내리던 한 겨울에, 왕비가 창가에 앉아 흑단나무로 만든 자수틀에 바느질을 하고 있었다. 왕비는 하얀 눈을 감상하다가 그만 바늘에 찔려 세 방울의 피를 떨어뜨린다.

핏방울을 바라보던 왕비는 소원을 품게 된다. 살결은 눈 같이 희고, 머리는 흑단처럼 까맣고, 입술은 핏방울처럼 새빨간 아이를 갖게 해달라고.

백설 공주, 그림Grimm동화 1권, 1882

왕비는 얼마 지나지지 않아 세상을 떠나고, 왕은 새 왕비를 들입니다. 그녀는 자신보다 더 예쁜 사람이 있는 것을 못 참는 성미였죠. 결국 못된 계모의 계교로 백설 공주는 독약사과를 먹고 죽음을 맞습니다. 하지만 이쯤에서 스토리가 끝나지 않을 거라는 믿음을 아이들은 갖고 있죠. 이야기는 해피엔딩 무대를 준비합니다.

왕자의 입맞춤으로 백설 공주는 눈뜨고, 왕자와 결혼식을 올린다.

'진짜의 시간'이 돌아온 거죠. 하늘시선으로 보는 땅은 전과 다른 모습입니다. 거울 속 자신을 바라보던 백설 공주는 이 한 마디를 던집니다.

지금의 나는 누구지?

어느 날 문득 백설 공주처럼 '후 엠 아이?'를 외치는 날이 온다면 우리가 사랑(빛)의 존재로서 산 적이 있기 때문은 아닐까? 언젠가 그러했던 기억이 있었기에 빛의 존재로서의 나를 그리워하는 것은 아닐까? 이 물음은 디즈니 애니메이션 신데렐라 편에서도 들을 수 있습니다.

살라가둘라 매치카불라 비비디 바비디 부, 이 둘을 합치면 무엇이 나올까?

둥근 하늘 별자리 같이 빛나요.

신데렐라는 빛의 세계가 일으켜가는 하늘시선 비전을 깨닫고 누리게 되었다는 사실이 무엇보다 기쁩니다. 전체로서의 가치, 빛의 사랑은 비전을 타고 둥근 하늘의 별자리처럼 각 사람들의 마음을 깨워갑니다. 비전 속에 나무도 보이고 이웃도 보이고, 나도 그들과 하나가 되어 우주은하계를 이룹니다.

신데렐라의 하늘드레스는 동서남북 높낮이 없는 별들의 세계로 안내하고… 결국 비비디 바비디 부를 찾아가는 길은 진리를 붙좇는 일이 되었습니다. 만물의 영장으로서 인간의 존엄을 외치는 그날이 오기까지, 무궁無窮의 꽃 무궁화는 피어나고 또 지고 피어나고요.

별빛 초롱 요술램프가 밤하늘을 수놓고,

꼬마들은 빛을 따라 내일을 꿈꾼다.

내 안의 보물찾기,

…꿈은 이루어지는 거야!

지붕 뚫고 투시법

비행기나 드론이 없던 시절에도 화가들은 수시로 '버드 아이 뷰 숏'으로 그림을 그렸다. 도시 전체를 하늘에서 촬영한 장면, 이른바 '버드 아이 뷰 숏bird's eye view shot'이다. '버드 아이 뷰 숏'은 '조감도'에서 온 개념이다. 조감도와는 반대로 밑에서 올려다보는 도법은 '개구리원근법'이라 한다.

김정운, 중앙일보, 스카이라인 바우하우스 이야기

꿈을 꾼다는 것은, 내가 모르는 그것을 본다는 것이다.

차원을 넘어서는 초월의 시간. 조감도엔 새가 날고. 충감도엔 벌레가 지배합니다. 어감도엔 물고기가 둥근 눈을 뜨고 자기세상이 넓다 하죠. 하지만 아무리 높고 넓어도 하늘시선을 어찌 감당할까. 한 문화심리학자의 스카이라인은 하늘과 땅을 가르며 조감도에 아찔함을 더합니다.

비행기가 없던 시절, 눈으로 직접 볼 수 없는 조감도가 어떻게 가능했는가는 심리학의 오래된 주제다. 피아제는 인지발달을 '조감도'와 같은 공간지각능력과 관련지어 설명한다.

자신의 신체가 가지는 물리적 위치를 상대화시키는 능력은 '자기중심적 사고'에서 벗어나 타인의 관점에서 세상을 바라보는 '조망수용perspective taking'이 있어야 가능하다는 거다. 자신의 관점을 상대화할 수 있어야 조감도와 같은 '추상적 관점'이 가능해진다.

학자의 글은 어려운 듯 쉽다가… 쉬운 듯 어렵다가… 그럼에도 어김없이 우리 속마음에 감춰둔 웃음을 꺼내게 하며 예의 공감기술을 펼쳐갑니다.

조감도鳥瞰圖 새가 하늘에서 아래를 내려다보듯Bird's-eye view 지표를 공중에서 비스듬히 내려다보았을 때의 모양을 그린 그림 또는 시선을 말한다.

어감도魚瞰圖 빛이 물속에서 굴절하듯, 물고기가 물속에서 180°의 시야를 가진다는 데서 붙여진 이름이다. 천체 기상 등 특수촬영에 주로 사용한다.

충감도蟲瞰圖 조감도와 반대되는 의미로 아래에서 위를 올려다보는 시점의 그림 또는 시각. 전체를 보지 못하고, 눈앞의 단편을 포착하여 반응한다.

지식백과

조감도!

갈매기 조나단은 바다와 하늘, 땅의 경계 너머 지구의 위도와 경도를 가르며 날아오릅니다. 꿈꾸는 갈매기라며 비웃는 동료들을 바닷가에 남긴 채. 하지만 정작 조나단을 괴롭힌 건 따로 있었죠. 그것은 고속비행의 한계를 넘지 못하는 자신에 대한 절망이었습니다. 속도 이상의 비행에 부딪쳐오는 공기저항이 너무 셌기 때문입니다.

균형을 잃고 곤두박질치다가 조나단은 결국 어떤 깨달음을 얻습니다. 힘을 들일수록… 더 높이 날고자 하는 욕망이 커지면 커질수록 하늘비행이 어렵다는 사실을 말이죠. 자기 힘이 빠지고서야 얻을 수 있는 하늘 능력, 조나단은 기류에 날개를 펼친 채 활강하기 시작합니다.

가장 높이 나는 새가 가장 멀리 본다. **갈매기의 꿈**

열심히 날갯짓하면 높이 날 수 있다고? 하늘 새는 압니다. 그게 아니라는 사실을… 스스로 힘을 빼는 것이 아닌, 힘이 빠져나가는 고난의 구간에서 어느 날 문득 자기가 사라지는 재의 지점 '오상아'에 서있는 자기를 발견하게 된다는 것을…

경계 너머의 자유!

붕새의 날개 양력을 타고 하늘 새가 날아오르기 시작합니다. 갈매기의 꿈이 실현되는 순간이죠. 세상은 전체로서 하나이고, 하나로써 전체인 진리의 모습을 서서히 드러냅니다. 하늘 갈매기가 된 조나단에게 고난이란 빛으로 가는 터널의 한 과정이며, 꿈이 이루어지는 순간이기도 합니다.
조감鳥瞰의 시선으로 본 세상은 발견의 장場! 비전이 보입니다. 21세기 4차 산업의 기술의 핵심인 창의, 비전, 직관, 통찰력이 내면의 새로운 정신으로 저절로 발현되는 이치가 흥겹습니다. 새로운 사태에 직면하여 장면의 의미를 재 조직화함으로써 문제를 돌파해가는 직관과 통찰을 가진 자로서.

하늘과 땅 사이를 오가는 사랑이야기가 들려옵니다. 인간은 자기 자신의 영혼의 능력을 마음껏 발휘하려는 실존적 존재라는 반성적 성찰이 양력을 일으킵니다. 고난에 거스르는 반작용의 힘은 성찰과 반성 회개의 과정을 통과하며 내 안의 진리의 원형을 드러냅니다. 고난이야말로 '악역의 천사'였던 거죠.

조나단은 하늘비행을 다시 시작합니다. 동서남북의 제한이 사라진 자리. 너와 나의 분별이 사라지며 시시비비를 인정하고 품어갑니다. 이것이 이것이며 저것이 저것임을 알고 존중하는 절대긍정의 자리… 장자의 기념비적 정신 '소요유'는 시대를 따라 새로운 서사를 써갑니다.

오상아, 창조의 뜻은 장엄의 미학을 드러내고… 우연히 듣게 된 최동석(인사조직연구소)의 유튜브 강의는 그날의 외침을 대한민국 헌법정신에 다시 새기고 있었습니다.

제1조 1항

대한민국은 민주공화국이다.

제1조 2항

대한민국의 주권은 국민에게 있고, 모든 권력은 국민으로부터 나온다.

제10조

모든 국민은 인간으로서의 존엄과 가치를 가지며, 행복을 추구할 권리를 갖는다. 국가는 국민이 가지는 불가침의 기본적 인권을 확인하고, 이를 보장할 의무를 진다.

대한민국 헌법

미켈란젤로의 대답

가을태풍 잦던 날. 후드득 세찬 비에 단풍이 바닥에 나뒹군다.

-난 플러터너스를 좋아하지 않아. 사철 푸른 소나무가 좋아.

상념에 젖은 이때 무심無心의 답이 귀를 때린다.

-난 플러터너스가 좋습니다.

-아니, 왜?

-나뭇잎 떨어져 드러나는… 파란 하늘이 좋아요.

16세기 초, 이탈리아의 시뇨리아 광장은 미켈란젤로의 조각상을 앞에 두고 한껏 들떠 있었습니다. 그러나 가슴 벅찬 그곳에서도 세상은 유감스러운 일을 일으키는 법이죠. 그날도 미켈란젤로는 피에타 성모상 앞에 선 사람들의 이런저런 트집을 들어야 했습니다.

성모가 너무 젊어요.

사람들은 예수보다 더 젊은 마리아가 마땅치 않은 겁니다. 여섯 살 때 어머니를 잃고 석공장 아내인 유모 밑에서 자라난 미켈란젤로의 성장과정 때문일까, 그들의 지적대로 조각상 전면에서 바라본 마리아는 젊고, 예수는 성모에 가려 잘 보이지도 않습니다. 이때 관객 사이로 작가의 말이 들려옵니다.

이 조각은 하나님께 바치는 것이니, 인간의 시선으로 평가 마시오.

과연 미켈란젤로의 말대로 하늘에서 바라본 피에타 성모는 전혀 다른 모습이었습니다. 천국으로 향하는 십자가 예수는 온몸을 드러내고, 성모는 정수리 쪽의 한 점 동그라미가 아들 예수를 지켜볼 뿐…

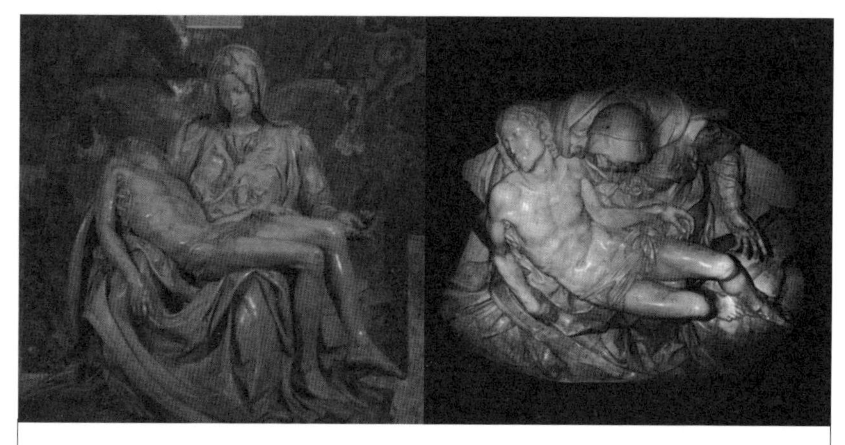

사람의 시선 높이에서 찍은 피에타 성모. 하늘시선으로 본 피에타 성모.

굳이 유명작품 앞이 아니어도, 우리들 내면엔 저 너머 유토피아로 건너가려는 마음의 작용이 있습니다. '거닐고 노닐고 즐길' 소요유의 원형을 찾아나서는 길에, 우리는 한 소년의 하루를 파랗게 물들여가는 하늘사랑을 만납니다.

집 보는 아이의 노래

쉴 새 없이 내리는 봄볕

봄볕 속에 뜬 저 흰 구름

'저 흰 구름이 되고 싶다'

햇볕 가득한

우리 집 뜰을 내려다보면서도

나는 곧장 한 눈을 팔 거야

파아란 솜사탕 꼬챙이

강둑 버드나무 한 그루 뽑아들고선

그러고도 자꾸 한눈을 팔 거야

넘어보지 못한 산과

그 산 너머 마을과 읍내와

달리는 기차

타보고 싶은 자동차

그리고

한 번도 보지 못한

바다를 보고 있을 거야

쉴 새 없이 내리던 봄볕이

멈출 때쯤

밭에서 일하시던 엄마가

돌아오실 때쯤,

냉큼 우리 집 뜰 앞에 다시

내려와선

"엄마, 나 집 잘 봤지?"

하고 매달리는 나에게

엄마는 물어보시지 않을 거야

그새 내가 본

마을과 읍내와 기차와 자동차,

그리고 마침내 내려다 본

그 바다를…

아동문학가 이종기(1929-1995) 시선

가야할 길을 누군가 알려준다면

불빛 가까이 선생님 손이 바삐 움직인다.

아이들은 도란도란.

-앗, 여우다.

-아냐, 늑대야.

불 꺼지자 어디론가 사라진 그림자. 못내 서운한 한 아이가 묻는다.

-그림자가 없어졌어요. 불빛이 있어야 생기는 거예요?

-그래, 불빛이 사라졌기 때문이지. 그림자는 빛이 비치는 반대 방향에 생긴단다.

희미한 전등불 아래 낡은 한지 방문 사이로 두 손을 겹쳐 손가락을 뻗으면 늑대 이빨에 아이들은 혼비백산하며 몸을 숨깁니다. 손바닥을 붙여 세우면 가지가 흔들흔들하며 그럴듯한 느티나무가 생겨납니다. 빛의 영향을 받으며 그림자를 만들어갑니다.

그림자를 두려워 말라.

그림자란 빛이 어딘가 가까운 곳에서 비치고 있음을 뜻하는 것이다.

루스 E. 렌컬

어릴 적 그림자놀이는 그렇게 재밌었는데, 어른이 되어선 그림자를 무서워합니다. 전봇대 불빛에 걸음마다 졸졸 따라다니는 그림자에 도망치는가 하면, 어두운 그림자인생이 두려워 우울증에 갇히기도 합니다. 인생지사 이유 불문 쫓아다니는 그림자, 두려움 공포 불안 근심 외로움 상처로부터 벗어날 방법은 없는 것일까.

조감도 다 좋은데… 그림자가 없다는 게 문제야.

한 원로조각가의 말이 심중을 맴돕니다. 조감도엔 그림자가 없어 문제라는 말은 무엇을 뜻할까? 그림자란 빛이 어딘가 가까운 곳에서 비치고 있음을 뜻한다는데… 그래서 그림자를 두려워 말라는데, 삶이 말처럼 쉬운 게 아니라 고민이죠.

온갖 좋은 은사와 온전한 선물이 다 위로부터 빛들의 아버지께로부터 내려오나니 그는 변함도 없으시고 회전하는 그림자도 없으시니라 **야고보서 1:17**

회전하는 그림자도 없는 빛의 뜻은 어린왕자를 만나며 이 말을 전합니다.

가장 중요한 것은 눈에 보이지 않아!

전해오는 이야기에 의하면, 그 집에는 보물이 감춰져 있다고 했다. 물론 아무도 그것을 발견하지 못했다. 아니 어쩌면 아무도 찾으려 들지 않았는지도 모른다. 그러나 그 보물로 인해서 그 집 전체가 마법에 걸려 있는 것만 같았다. **어린왕자**

우리 모두는 보물이 숨겨진 마법의 집에 살면서 보물이 내 안에 있음을 발견하기까지 우리 모두는 길 위의 순례자가 아닐까. 어느 늦가을에 만난 돌비석은 그 '순례자'를 찾고 있었습니다.

당신의 삶은 지금, 무엇을 향해 가는가?

그날 모처럼 찾은 광화문거리는 코끝 싸한 늦가을 바람에 낙엽을 물들여 가고 있었죠. 바람결 잎 사이로 무언가가 휙 걸음을 붙듭니다. 돌아보니 누각 처마 아래 돌비석 하나가 오롯이 서 있습니다. 사대문 안 육조六曹 거리 세종로를 기준으로 하여 만들어진 한양의 시그니처 '도로원표'입니다.

仁川- 淸州- 大田- 全州- 群山- 光州- 大邱- 釜山

근본이고 기준 되는 도로원표! 돌비석엔 반도 남쪽 행정명이 나란합니다. 지금은 수많은 길들이 수많은 인파를 헤치며 저마다의 '자기 원표'를 안내하는 내비게이션 시대죠. 그럼에도 옛 도로원표는 사람들의 발걸음을 붙좇으며 묻습니다.

당신의 도로원표元標는 어디를 가리키고 있는가?

원표元標

1. 근본이 되는 표.

2. 기준으로 삼는 표.

반지의 제왕

금환일식金環日蝕

… 금金 쇠, 환環 둥근 고리, 일日 태양, 식蝕 갉아먹을.

일식은 태양의 전부 또는 일부를 가리는 천문현상을 말한다. 태양이 달에 완전히 가려지면 개기일식, 일부만 가려지면 부분일식, 해와 달이 겹쳐질 때 달이 해를 전부 가리지 못해 반지 모양으로 가려지면 금환일식이라 한다. **위키백과**

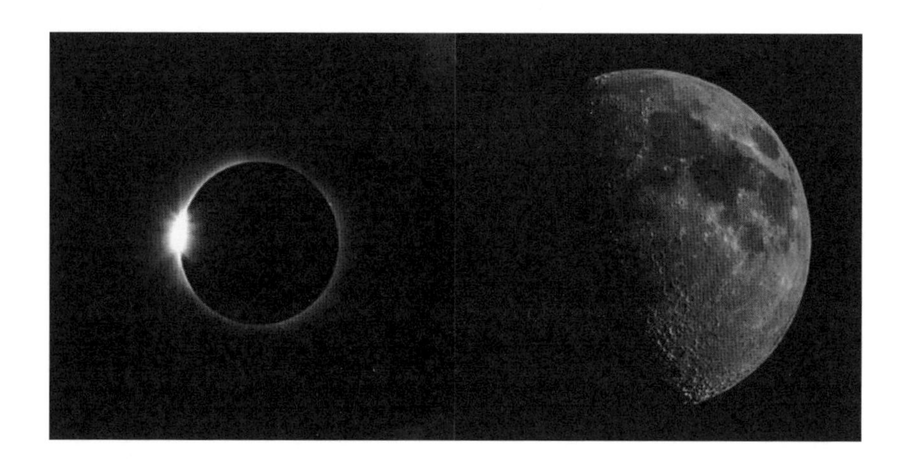

금환일식은 달이 해를 가리는 현상이죠. 이때 뿜어져 나오는 태양빛이 반지모양의 둥근 띠를 만들어낸다고 하여 붙여진 명칭입니다. 반지로 사랑을 약속하고 인장印章으로 능력을 상징해왔습니다. 그 가운데 세상의 사랑을 받지 못하는 반지도 있습니다.

통촉하여 주옵소서.

'통촉'은 마을 통洞, 촛불 촉燭이 합해 만들어진 단어죠. 궁정마당엔 베옷을 입은 임금이 무릎을 꿇고 있고, 신하들은 통촉을 외칩니다. 어서 어둠이 걷혀 나라가 환해지길 바라면서. 달이 해를 가리든, 왕이 백성을 발아래 두든… 달을 품은 해는 어둠 사이로 황금반지를 드러냅니다.
달이 해를 가리자 세상이 어두워집니다. 빛이 사라지는 만큼 사람들의 근심도 깊어갑니다. 진리의 빛은 탐욕으로 으스대던 이 땅의 지배자들을 소환합니다.

일식은 개기일식과 부분일식을 포함해 대개 연 2~4회, 달이 지구그림자에 가리는 월식 역시 연 2~3회 일어나는 것으로 알려져 있습니다. 일식은 저 하늘에만 일어나는 어둠의 징조일까요? 이쯤에서 떠오르는 장면 하나, 〈창세기〉 3장은 선악과 사건으로 얼룩져 있습니다.

뱀이 여자에게 이르되 너희가 결코 죽지 아니하리라, 너희가 그것을 먹는 날에는 너희 눈이 밝아져 하나님과 같이 되어 선악을 알 줄 하나님이 아심이니라

'갉아먹는다는 뜻을 가진 '식蝕'은 뱀이 웅크린 모양의 '벌레 훼虫'와 '먹을 식食'이 합해져 만들어진 글자입니다. 선악과를 먹는 날, 인간은 뱀의 이 말을 듣고 있었죠. 너희 눈이 밝아져… 하나님과 같이 되어… 선악을 알줄… 하나님이 아신다는 겁니다.

달이 해를 가린 금환일식의 어둠에 인간이 살아가고 있습니다. 하나님의 형상대로 지어진 인간이 전체우주 조감도의 시선을 알지 못한 채 진리를 거스르며 살아가고 있습니다. 내가 중심이 되어 살아가는 세상이죠. 인간이 만들어놓은 해 그림자, 선과 악에 스스로 매달려 살아갑니다. 삶의 그림자, 그 꼭대기에 두려움이 있습니다.

어둠은 빛이 부재不在한 것이다.

'다정한 물리학자' 김상욱 박사의 말처럼, 부재不在… 그곳에 있지 않다는 뜻이죠. 어둠이 빛의 부재라면, 빛은 과연 그곳에 없는 것일까?

저녁이 되며 아침이 되니 이는 첫째 날이니라 **창세기 1:5**

〈창세기〉 1장은 창조의 무대를 올리는데, 일몰 즉 '저녁'으로부터 시작한다는 것이 흥미롭습니다. 그것도 1장 안에 여섯 째 날까지 여섯 번 나옵니다.

하나님이 그 지으신 모든 것을 보시니, 보시기에 심히 좋았더라. 저녁이 되며 아침이 되니 이는 여섯 째 날이니라.

해가 지면 저 하늘에 별이 보입니다. 낮에도 있던 별입니다. 창조의 시간. 진리의 빛은 밤을 밝히며 어둠을 뚫어갑니다. 해를 가린 달, 달을 품은 해, 황금반지가 일해야 할 시간이 돌아왔습니다. 어깨 뽕 들어간 세상지배자들은 사라지고, 우주 충만의 빛이 우리들 마음을 깨웁니다. 가짜반지의 제왕 앞에 엎드려 살아온 사람들은 서프라이즈를 외칩니다. 진짜반지의 제왕의 실체를 보았기 때문이죠.
어둠의 형상들, 두려움과 불안 공포 외로움 상처는 눈물 속 고난의 터널을 지나게 하지만, 이제는 압니다. 어둠 속 별빛, 그것은 오래도록 그리던 '다이아몬드 씨앗'이었음을! 빛은 고난의 용광로를 통과하며 가짜제왕(가짜마음)들을 태워갑니다. 재의 자리엔 형형색색의 다이아몬드가 빛을 발합니다.

지구 끝에서 떨어져 죽은 사람은 없다

나는 별을 너무나 사랑한 나머지

밤을 두려워하지 않게 되었다

내 영혼이 비록 어둠 속에 잠길지라도

완전한 빛 가운데서 떠오르리라

천문학자 사라 윌리엄스의 시

생의 마지막 날, 한 천문학자는 하늘 향하는 마음 이야기를 이렇게 써갔죠. 아무도 불꺼져가는 인생을 바라진 않겠지만, 그럼에도 별빛을 드러내기엔 한없이 좋은 날입니다. 삶이 어두워진다는 것은 슬픈 일이 아니야, 밤하늘별을 보게 할 테니까… 이 고백이 터져 나오는 거죠.

태양이 지구 주위를 돈다고요?

아니오, 지구가 태양의 주위를 도는 겁니다.

지구는 태양을 중심으로 돕니다. 지동설地動說이죠. 이 지당하고 마땅한 원리가 수세기 전만 해도 '반역'이었습니다. 지구는 우주중심으로, 고정되어 움직이지 않는다고 생각했던 겁니다. 그리고 천 년 세월이 흘러 우리는 또 다른 주장을 듣게 됩니다. 로마 교황청 신부 코페르니쿠스(1473-1543)가 그 주인공이죠.

코페르니쿠스의 가슴 뛰는 연구는 계속되었지만, 그는 더 이상 지동설을 내비칠 순 없었습니다. 신부라는 신분상 이유 때문이었죠. 결국 그는 〈천체의 회전에 관하여〉라는 원고를 남긴 채 세상을 떠납니다.

우리는 무심히, 때로 의미 있게 말합니다. Sun rise… Sun set… 아침이면 해가 뜨고 저녁이면 해가 진다! 이 생각 저변엔… 지구는 중심을 잡고서 가만히 있는데 저 태양이 부산을 떠는 거죠. 이유는? 사람의 눈으로 보기에 그렇습니다.

이번에는 지동설입니다. 태양의 주위를 지구가 돈다! 이 원리는 사람의 눈이 아닌, 하늘눈이 등장해야 설명하기가 쉬워집니다. 광활한 우주엔 태양계가 있고, 태양계 중심엔 태양이 있습니다. 지구는 태양에서 볼 때 셋째 행성이죠. 금성보다는 바깥에서, 화성보다는 안쪽에서.

잠시 어렵긴 해도. 그 뜻을 알고 나면 잘 외워두고 싶은 사자성어입니다. 가려진 것은 언젠가는 드러나는 법. 별빛에 지난날이 스쳐지나갑니다. 별빛, 이 '별 난' 친구가 이렇게 속삭이는 거예요. 삶이 어두워진다는 것은 슬픈 일이 아니야. 밤하늘별을 보게 할 테니까.

낮에 뜨는 별이 있습니다. 그 별은 땅에 있고, 손가락에 황금반지를 끼는 것을 좋아하죠. 심지어는 벌거벗은 임금일지라도, 왕이 되고 싶어 합니다. 왜냐하면? 창세기 2장에 기록된, 로열패밀리 에덴동산에서 살던 무의식 기억 속에라도 남아있기 때문입니다.

왕이 되고 싶은 나… 왕인 줄 알고 살아온 나… 왕 대접 받길 좋아하는 나… 아내인 왕비를 두고 딸 공주 아들 왕자를 거느리며 에헴, 하고 살아온 내가 이 하루를 살아갑니다. 겁도 없이. 그런 내가 조금씩 마음에 걸립니다. 여기에 왕년타령까지 가세하니 젊은사람들 눈치껏 자리를 피하려 합니다.

내가 중심이 되어 세상 돌아가길 바라고, 내 생각이 중심이 되어 판단하며 내 기준의 잣대로 상대를 들이대고 하하 호호 흑흑 하며 살아왔습니다. 때로는 고상하게 때로는 막장 드라마를 펼치며 자기를 진짜 나로 알고 살아왔습니다.

나로부터 시작하는 옳고 그름, 나뭇잎 몇 장으로 중심을 가린 어처구니없는 개체, 벌거벗은 임금님… 가련한 왕은 바로 나, 자기였던 것이죠. 색이 된 빛을 어찌 옳다 그르다 시비할 수 있을까. 진리가 주어主語되어 있는 삶! 이것은 이것이고, 저것은 저것, 산은 산이고 물은 물입니다.

하늘은 왜 하늘색인가요?

공기 중엔 눈에 보이지 않는 산소나 질소 같은 작은 입자가 무수히 떠 있지. 이들 입자에 빛이 부딪치면 짧은 파장의 푸른빛이 긴 파장의 빛보다 더 많이 퍼지므로 바다를 바라보는 우리 눈에 하늘이 푸르게 보인단다.

바다는 왜 푸른가요?

바다색도 마찬가지야. 빛이 공기 입자와 부딪쳐 여러 방향으로 흩어질 때 파장 긴 빨강 노랑계열은 바다에 닿은 순간 물에 흡수되어 사라지고, 반대로 파장 짧은 파랑은 바닷물을 통과하면서 파란색을 반사시키면 우리 눈에 파랗게 보이지.

빨주노초파남보… 비가 그치자 햇빛은 물방울입자와 부딪치며 일곱 빛깔 무지개를 띄웁니다. 파장이 긴, 즉 굴절률이 낮은 빨간색은 가장 바깥쪽에, 반대로 파장이 짧은 보라색은 가장 안쪽에 자리를 잡습니다. 태양빛이 물방울에 들어갈 때 한 번, 물방울 안에서 전반사全反射할 때 두 번, 물방울 밖으로 나올 때 다시 한 번. 이 굴절과정에서 빛은 색이 되었습니다. 상像이 탄생하는 순간이죠.

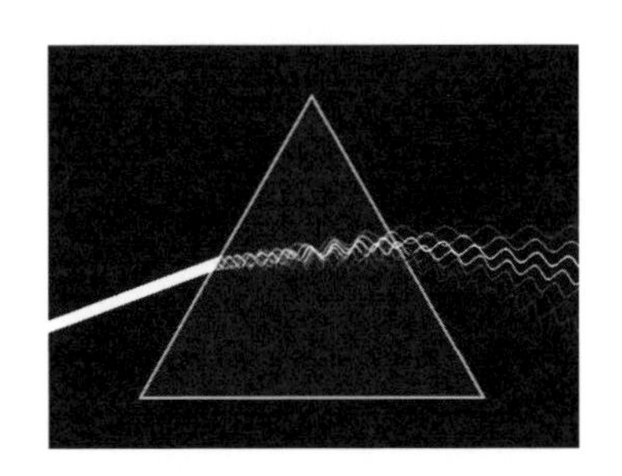

프리즘prism

반사가 가능한 유리와 같은 투명체로, 일반 삼각 프리즘은 백색의 빛을 스펙트럼(파장별 띠)으로 분리해낸다. 무지개는 물방울 입자가 프리즘처럼 작용하여 태양광의 가시광선을 분산하고 굴절시키는 과정에서 일어나는 현상이다.

빛깔

물체가 빛을 받을 때 빛의 파장 따라 그 거죽에 나타나는 특유한 빛.

색깔

1. 물체가 빛을 받을 때 빛의 파장에 따라 그 거죽 표면에 나타나는 특유한 빛.

2. 정치나 이념상의 경향.

국어사전

넌 나의 색깔이야, 난 너의 빛깔이야… 빛으로부터 온 존재로서 또한 색色(육신)을 가진 인간은 빛과 색을 오가며 창조자의 꿈을 꿉니다. 비록 겉사람 몸은 세상살이에 매일지라도, 속사람 내면은 빛의 인격을 드러낼 시간을 기억하고 있죠.

빛이 색의 그물에 걸린 걸까, 색이 빛의 그물에 걸린 걸까… 아무튼 빛은 색으로 하여 실체를 갖게 되고, 색은 빛으로 하여 자기존재감을 뽐내게 되었습니다. 공空은 색色을 반기나, 색은 공이 보이지 않으니 시큰둥. 그리하여 인간의 눈에 보이는 색은 현실적인 것으로, 보이지 않는 빛은 비현실적인 것이 되고 말았습니다.

색이 된다는 것은 곧 굴절각을 통과하는 일. 빛은 둥근 지구 굴절률을 따라 색을 일으키고, 색은 스펙트럼을 일으키며 상을 만들어 가는데요. 아무 탈이 없을 것 같은 창조의 시간은, 하지만 예기치 않은 문제에 부딪치고 맙니다. 보이는 상에 보이지 않는 빛이 그만 갇히고 만 것이죠. 우리 눈에 비치는 푸른 바다, 황금벌판은 하늘과 땅의 사랑이 지나가며 남기는 빛 그림자일지도 몰라. 봄꽃이 지기 시작하자 사람들은 가는 봄날을 아쉬워합니다. 봄을 잡으려 애써보지만, 그러나 어쩌겠어요. 빛 그림자인 것을.

상(개체의식)의 눈이 밝아지니 빛의 뜻을 볼 수 없고, 빛의 눈엔 우주창조의식 색이 보이지 않으니 문제입니다. 빛으로부터 왔으나 색이 이를 알지 못하니 눈뜨고도 영락없는 장님. 저녁이 되어 아침이 되는 그날이 오기까지, 눈을 떠도 눈을 감은… 색(물질, 상, 자기, 개체의식, 유전자)이 흑암의 세계에서 살아가게 된 이유입니다.

옳다 그르다, 좋다 싫다, 웃다 울다, 맞다 틀리다, 밉다 곱다 하며 나는 너에게, 너는 나에게… 안타까운 심정으로 따지자면 둘 다 못지않습니다. 창조의 뜻을 알 길 없는 색이 공을 우습게 알며 생겨난 일입니다.

〈반야심경〉은 이 둘의 교차점에 여덟 개의 글자 '공즉시색 색즉시공'을 새겨놓았습니다.

공즉시색空卽是色

본성인 공空이 바로 색色, 즉 만물萬物이라는 말. 만물의 본성인 공이 연속적인 인연에 의해 임시로 다양한 만물로서 존재한다는 것이다.

색즉시공色卽是空

현실의 물질적 존재는 모두 인연에 따라 만들어졌으니 불변하는 고유의 존재성이 없음을 이르는 말.

마하반야바라밀다

마하_큰, 위대한

반야_공空의 이치를 깨달음, 지혜

바라밀다… 저편으로 넘어가다, 완성하다

산스크리트어로, 분별과 집착이 끊어진 뛰어난 지혜를 성취한다는 뜻.

〈반야심경般若心經〉은 반야바라밀다에 관한 총 600권 분량의 〈반야경〉 중 핵심을 추린 경전이다.

인드라의 구슬

인드라의 하늘엔

구슬로 된 그물이 걸려 있고.

구슬 하나하나는

다른 구슬 모두를 비추고 있다지.

어떤 구슬하나라도 소리를 내면

그물에 달린 구슬 모두에

그 울림이 연달아 울려 퍼진다는

화엄경

희번쩍 눈을 뜨는데

벼락이 떨어지는데 걸리는 시간은 0.00007초

모기가 1회 날개 치는 시간은 250분의 1초~ 800분의 1초

눈에 들어온 정보가 뇌에 전달되어서 반응하는 시간은 0.15초

야구 선수의 스윙은 0.2초

지구에서 달까지 빛으로 가는데 걸리는 시간은 1.255초

그렇다면, 심 봉사가 눈을 다시 뜨는데 걸리는 시간은?

고난의 대장정 끝에 욥이 고백하길, 그동안 눈 뜬 장님으로 살아왔다는 겁니다. '순전하며 정직하여 하나님을 경외하며 악에서 떠난 자'로 의기양양 〈욥기〉를 써가던 그는 자기의 부와 선함이 한 줌 재로 날아가는 것에 망연자실합니다.

무지한 말로 이치를 가리는 자가 누구니까 내가 스스로 깨달을 수 없는 일을 말하였고 스스로 알 수 없고 헤아리기 어려운 일을 말하였나이다 내가 말하겠사오니 주여 들으시고 내가 주께 듣겠사오니 주여 내게 알게 하옵소서 **욥기 42:3-4**

티끌과 재는 기름이나 가죽처럼 죽어야만… 형체를 잃어야만 얻어지는 것. 선하고 의롭게 살아온 삶의 모든 것이 티끌과 재에 불과하다는 것을 발견한 욥은, 마지막 42장에 이르러 내면의 눈뜸에 가슴 벅찬 간증을 남깁니다.

내가 주께 대하여 귀로 듣기만 하였으나 이제는 눈으로 주를 뵈옵니다.

눈의 부활! 이 부분에 대해 욥 못지않게 고난의 장정을 써내려간 한 인물이 있었으니, 〈심청전〉의 아버지 심학규입니다. 그는 어떤 장님인가? 원전엔 성씨 심沈으로 되어 있지만 행간 사이로 심心… 봉사, 즉 '마음장님'의 의미가 감지됩니다.

-나 살린 이 뉘시오?

-소승은 몽운사 화주승이올시다. 부처님은 영검이 많은지라, 빌어서 아니 되는 일 없고 구하면 응하시니 부처님께 공양미 삼백 석을 시주로 올리고 지성으로 비시면 살아생전에 눈을 떠서 천지만물 두루 보고 성한 사람이 됩니다. **심청전 1막**

천지만물을 볼 수 있다! 이 말에 심 봉사, 자신의 처지를 돌아볼 생각도 아니 하고 화주승의 손을 덥석 잡습니다.

-이보시오, 대사! 공양미 삼백 석을 올리는 글발을 올리시오.

이에 승은 헛헛 웃으며 말합니다.

-적기는 하겠으나 댁의 가세를 둘러보니 삼백 석 주선은 길이 없을 듯합니다.

심 봉사는 버럭 화를 내고… 화주승은 다시 허허 웃으며 권선문에 다음 일곱 자 글을 남깁니다.

…심학규 미米 삼백 석.

공양미 삼백 석!

석石(섬)은 곡식의 용량을 나타내는 단위입니다. 보통 한 말의 열 곱절에 해당합니다. 1석은 10두(=말)와 같고, 무게로 치면 150~200kg 가량. 보통 쌀 1석 무게를 160Kg, 쌀 한 가마니를 약 80Kg으로 계산하면, 쌀 1석은 보통 2가마니 분량이 되죠.

공양미 300석이면 300석×2가마니=600가마니, 쌀 1가마니 80kg에 600가마니를 곱하면 48,000kg. 오늘날 4인 가족 한 달 쌀 소비량을 20kg으로 치면 연간 240Kg. 그러므로 48,000kg이라는 분량은 4인 가족 200년간, 2인 가족 400년 간 먹을 수 있는 식량입니다.

아부지, 공양미 3백석이라니요?

이차저차 아버지의 말을 들은 딸 심청은 마침내 자기 몸을 바다에 던지기로 하는데요. 이름하여 '인당수'라는 곳입니다.

한 곳 당도하니 이는 곳 인당수라 어룡이 싸우는 듯 벽력이 내리는 듯 대양 바다 한 가운데 바람 불고 물결 쳐 안개 뒤섞여 잦어진 날
갈 길은 천리만리 남고 사면은 검고 어둑히 저물어 천지가 막막한데…. **심청전, 인당수행**

살아서는 도저히 해결할 수 없는 현실에 심청은 마침내 공양미 삼백 석에 인당수에 몸을 던지기로 합니다. 세상엔 수많은 강이 흐르고… 그렇다면 인당수印塘水는 지도 어디쯤의 바다일까?
인당수는 찍을 인印에 연못 당塘, 물 수水가 합해진 명칭이죠. 연못은 넓고 오목하게 물이 괴어 있는 곳을 지칭하니 바다와는 이미지가 멀어 보입니다. 아무튼 심청전은 물이 있는 곳에 찍을 인을 더해 심청이 몸을 던진 곳이 인당수라 하였습니다.
우리 얼굴에도 '인당'이라 부르는 곳이 있죠. 양 이마 한 가운데 제3의 눈, 마음의 눈으로 지칭되는 곳입니다. 데카르트는 '영혼이 앉아 있는 자리'라고 말했고, 현대과학에선 이곳에 송과체가 위치해 있어 행복호르몬 '세로토닌'을 내보낸다고 합니다.

〈**심청전**〉은 죽음의 1막을 지나 반전의 2막을 다시 준비합니다. 인생인 당수 세례 이후 바다에 빠져 죽은 줄만 알았던 심청, 용궁천자天子의 아내로 새 삶을 시작하는데… 하지만 행복한 일상이 아버지 그리는 딸의 마음을 다독일 순 없었죠. 심청은 천자에게 '장님 잔칫상'을 차려줄 것을 요청합니다.

이 소문을 듣고 우여곡절 잔칫상 앞까지 오게 된 심 봉사는 아버지를 부르는 딸 심청의 목소리에 울부짖어 외치니,

누가 나더러 아버지라고 혀 내 딸 심청이는 인당수서 죽었는디 여기가 어디라고 살아오다니 웬 말이냐

이것이 꿈이냐 이것이 생시냐 꿈이거든 깨지 말고 생시거든 어디 보자 더듬더듬 만져보며 어쩔 줄 모를 적에

난데없는 오색채운이 황극전을 두르더니 청학백학 난무궁중 운무간을 왕래하더니

심 봉사 감은 눈을 희번쩍 희번쩍 희번쩍 눈을 떴구나

심청전, 심 봉사 눈 뜨는 대목

마이너스의 마이너스

-안녕! 어린왕자가 말했다.

-안녕! 장사꾼이 대답했다.

그는 갈증을 달래주는 최신 알약을 파는 장사꾼이었다. 그 약은 일주일에 한 알씩 먹으면 다시는 목이 마르지 않게 되는 약이었다.

-왜 그걸 팔고 있는 거야? 어린왕자가 물었다.

-시간을 엄청나게 절약할 수 있으니까. 장사꾼이 말했다.

-전문가들이 계산을 해보니까 일주일에 오십삼 분이 절약된대!

-그 오십삼 분을 가지고는 뭘 하는데?

-하고 싶은 걸 하지 뭐…

어린왕자는 혼자 생각했다.

-만약 내게 마음대로 써도 되는 오십삼 분이 있다면, 난 샘을 향해 천천히 걸어가겠어.

신데렐라는 모처럼 신이 나 있습니다. 마이너스의 마이너스는 플러스! 행운을 부르는 마이너스의 세계를 알려주겠다는 거예요. 이 셈법은 초등학교 실력이면 가능하다니 귀가 솔깃해집니다.

마이너스의 마이너스는 플러스!

-(-)=+

이 명제는 의외로 인기여서 검색창에도 적지 않은 정보들이 올라와 있습니다.

한 학생이 물었다. 마이너스 마이너스는 왜 플러스인가요?

한 치의 망설임도 없이 답했다. 그거야 당연하지. 우리가 수학 시간에 그렇게 배웠고, 부정의 부정은 긍정이 되는 거야.

곰곰이 생각해보니 정말 왜 마이너스 마이너스는 플러스인가? 부정의 부정이라는 논리적 사고만으로 어린 학생의 호기심을 채워줄 수 없었다. 2-(-1)은 왜 3인가? 더 나아가 (-2)×(-2)는 왜 4인가?

과학평론가 김재호, 동아닷컴-

2-(-1)은 왜 3인가? 의문은 계속됩니다.

수학에서 빼기는 분명 부정 혹은 반대의 의미를 갖는다. 내가 두 개의 사과를 획득했다면 +2, 한 개의 사과를 빚졌다면 -1이 된다. 그런데 가운데 마이너스, 즉 -1을 다시 뺀다는 건 대체 무슨 의미일까?

마이너스를 뺀다고? 교과서에선 플러스마이너스를 '수평선'으로 설명한다는데요. 기준인 0을 중심으로 왼쪽은 마이너스, 오른쪽은 플러스입니다. 그렇다면 원래 왼쪽으로 한 칸 간 것을 의미하는 -1 앞에 다시 마이너스를 붙인다는 것은 어떻게 설명되어야 할까?

2-(-1)

중요한 건 괄호 앞 마이너스와 괄호 안 1에 붙은 마이너스는 같은 마이너스이지만 성격이 다르다는 겁니다. 괄호 안의 마이너스는 손실로, 괄호 앞 마이너스는 '반대(부정) 혹은 제거'의 의미이기 때문이죠. 가운데, 즉 괄호 앞 마이너스는 방향성(지향, 의지)을 갖습니다.

그러므로 내가 두 개의 사과를 획득했다면 +2, 한 개의 사과를 빚졌다면 -1이 됩니다. 그런데 -1을 다시 뺀다는 건 대체 무슨 의미일까? 마이너스를 제거한다고? 마이너스의 진실은 이 신박한 등식을 어떻게 풀이할까?

2-(-1)의 경우를 생각해 보자. 괄호 안엔 -1이 있다. 이 마이너스 1의 마이너스가 왼쪽으로 가라고 지시한다. 괄호 너머엔 마이너스 부호가 보인다. (-1)이 왼쪽으로 한 칸 가는 것인데 그걸 빼주니, 즉 제외해주니 나에겐 한 칸 가는 게 이득이다.

빚 100억 원의 예를 들어볼까요? 100억 원 빚이 플러스로 바뀌는 경우는 한 가지. 사람 힘으로 열심히 벌어 100억을 극적으로 갚는다 해도 제로베이스입니다. 하지만 '마이너스의 마이너스는 플러스' 등식을 타게 되면 백 억 탕감뿐 아니라, 그 순간 통장엔 100억이 찍혀 있음을 보게 될 것입니다.

마이너스의 마이너스는 왼쪽으로… 더 왼쪽으로 가라고 하고. 괄호 안 마이너스는 괄호 밖으로 튕겨져 나갑니다. 엑소더스, 영광의 탈출이라 일컫는! 마이너스는 이제 괄호 안에 묶여 있지 않아도 될 뿐 아니라, 괄호 밖 마이너스를 만나며 손실개념에서 이득의 플러스로 뛰어넘게 되었습니다.

디스커버리discovery, 발견의 기쁨! 진정한 마법이라 말할 수 있는. 그러나 진짜 마법은 이제부터 시작된다는 것을 신데렐라는 잘 알고 있죠. 기사를 더 읽어보겠습니다.

2-(-1)에서, 아무튼 (-1)은 나에겐 손해다. (-1)은 내게 손해를 주는, 즉 잃어버리거나 빌린 것이다. 그런데 빌려준 사람이 내게 친절을 베풀어 빌린 것을 '제거'해 준다면 나는 3개를 온전히 갖고 있게 된다.
또한 만약 신이 있어 내가 1을 잃어버리지 않게 해준다면 나의 사과는 총 3개를 유지하게 된다. 즉 2-(-1)=3이 된다.

마이너스는 이제 신神의 영역에 접근하며 그동안 잊고 산 '잃어버림'의 진실 앞에 서게 합니다. 과학평론가의 친절한 설명에 신데렐라는 그만 행복해집니다.

우리는 〈어린왕자〉가 세상에 나오면서 양 한 마리를 그려달라는 어린왕자를 만난 적이 있습니다.

-부탁이야, 나 양 한 마리만 그려줘.

-이건 상자야. 네가 원하는 양은 이 속에 있어.

그러자 내 어린 심판관의 얼굴이 환해지는 걸 보고 나는 몹시 놀랐다.

-내가 원하는 게 바로 이거야.

비행기 고장으로 사막에 남게 된 조종사는 지구에 머물고 있는 어린왕자를 만납니다. 빚진 자의 빚을 대신 갚아준 '어떤 사람'이 있다면, 그는 신데렐라에게 마법의 셈을 알려준 어린왕자는 아닐까? 사막같은 세상에 왔다가 소행성 우주로 넘어간 그는 세상 빚을 빛으로 바꾸는 매직을 일으키며 하늘에 '웃는 별'을 보라 했을까? 지구에 떨어진 지 어느덧 해를 넘기고… 어린왕자는 우물가에 앉아 노란 뱀과 이야기하며 자기 별로 돌아갈 것이라며 쓸쓸히 말합니다.

모든 별을 봐. 그 중의 어느 하나에서 내가 웃고 있겠지. 그러면 모든 별이 웃는 것같이 보이겠지. 결국 모든 사람은 웃는 별을 가지게 될 거야.

잃음으로.
얻는!
cinder의 시간

'마이너스 곱하기 플러스'가 채무가 늘어나는 것이라면… '마이너스 곱하기 마이너스'는 채무를 탕감해 주는 게 늘어나는 것이다. 따라서 (-2)×(-2)=4가 된다. 이는 내겐 좋은 일인 거고 이득이 된다. 천적이 연속으로 사라지는 것이다. **김재호, 과학동아**

2부

두 마음의 세계

지워진 드 쿠닝

레드카펫 어린왕자

숯이냐 다이아몬드냐

마음지우개

가짜마음 진짜마음

바를 정正자는, 바르지 않다

천국이 어디냐고 물으신다면

영원과 불멸

콩알이 우주

국보거나 보물이거나

신이 어디 있어요

지워진 드 쿠닝

가위 바위 보~

술래의 눈에 수건이 가려집니다.
앞을 볼 수 없게 된 아이가 외칩니다.

무궁화 꽃이 피었습니다!
무궁화 꽃이 피었습니다!

무궁無窮의 꽃, 무궁화!
나라꽃은 어찌하여 이 조무래기들 놀이터에서
먼저 피어났을까?

인간의 위대함을 작품 값으로 매기면 얼마나 될까?

다빈치의 모나리자

피카소의 알제의 여인들

잭슨플록의 No 5

드 쿠닝의 우먼 시리즈

클림트의 키스

예술품은 시대를 초월하며 거대자본시장을 숨죽여왔죠. 순위 1위는 다빈치L da Vincida Vinci(1452-1519)의 〈모나리자〉입니다. 작가의 출생지는 이탈리아, 모나리자 소유권은 프랑스 정부와 루브르 박물관이 갖고 있습니다. 경제적 가치로는 40조에 이를 것으로 추정되나, 프라이스리스price·less죠. 살 수도 팔수도 없습니다.

세상에서 제일 비싼 그림 리스트엔 '드 쿠닝de Kooning'이름이 눈에 띕니다. 대표작 〈우먼 시리즈 Woman Ⅲ〉는 세계 톱 순위 10위권에 들며 드 쿠닝의 명성을 세상에 알렸죠. 그림 속 여인은 고상하거나 우아한 모습은 아닙니다. 하지만 묘한 매력으로 시선을 끕니다. 국내재벌가에서도 천문학적 금액에 그림을 구입해 화제가 되기도 했습니다.

〈Woman III〉 Willem de Kooning, 1953

거장 드 쿠닝의 유명세를 건드릴 수 없다는 것을 20세기 화단은 잘 알고 있었죠. 하지만 그런 드 쿠닝도 피하지 못한 운명이 있었습니다. 1953년, 그는 자신이 건넨 그림으로 '사건'에 휘말리게 됩니다.

문제의 발단이 된 그림은 〈지워진 드 쿠닝Erased de Kooning〉, 작가는 라우센버그R. Rauschenberg(1925-2008). 하지만 이 그림을 두고 세상은 또 다른 이름을 떠올립니다. 타이틀의 '드 쿠닝W. Kooning(1914-1997)'이 그 장본인이죠. 한 사람은 베테랑 대가, 다른 한 사람은 무명의 청년 신인입니다. 두 사람은 이전에 만난 적은 없으나 만났고, 원하는 바는 아니나 둘이 하나 되는 순간 앞에 서게 됩니다. 한 사람은 어쩔 수 없이, 다른 한 사람은 어렵사리.

〈지워진 드 쿠닝 Erased de Kooning〉 Drawing,1953 Robert Rauschenberg作
샌프란시스코 현대미술관 소장

전시회를 앞두고 신인작가 라우센버그는 점점 길을 잃어가고 있었습니다. 전시회에 내놓을 그림주제 때문이었죠. 무無라는.

다가올 전람회에 무無를 내놓고 싶습니다.

당시 20세기는 벌써 두 번의 세계대전을 치른 상황이었죠. 산업혁명 이후 자본의 맛을 알게 된 열강국은 부익부富益富의 몸집을 키워가고 있었습니다. 어둠의 간극은 깊어가고, 그 터널에서 신인은 '무'의 아우성을 듣게 됩니다. 누군가 배부르다는 것은 누군가에겐 굶주림의 현실로 다가온다는 것을…

없을, 무無

없음을 어떻게 그려낸단 말인가? 하지만 신인은 '무'를 향한 열망으로 불타오르고 있었습니다. 열망은 고뇌를 만들고, 고뇌는 불씨가 되어 터널 안 어둠을 밝혀갔습니다. 빛을 따른다는 것은 어둠을 피하지 않는다는 것. 이런 주인의 마음을 아는지, 비갠 오후의 햇살은 캔버스를 환히 비추어 갔습니다.
라우센버그는 여느 때처럼 무無를 그려낼 해법 찾기에 골몰하고 있었죠. 숯을 다이아몬드로 바꾸고자 하는 인간의 뜨거운 열망이 매직을 일으키듯, 신인의 이유 있는 고민은 마침내 무를 그려낼 단서 하나를 포착해내기에 이릅니다.

없음을 드러내줄 그것은… '있음'이다!

무無를 얻는다는 것은, 무엇을 이룬 그 무엇을 지우는 일과 동일하다는 것! 신인의 생각은 깊어갔습니다. 하지만 그의 현실은 무엇도 내놓을 게 없는 처지였죠. 열망은 용기를 친구 삼고, 그는 자신이 찾아가야만 하는 시대의 한 사람을 떠올렸습니다.

거장 드 쿠닝이 떠오른 건 유명세가 컸기 때문입니다.

과연 대가를 찾아갈 용기가 있을까… 만날 수나 있을까, 갈등의 시간이 길어지는 만큼 드 쿠닝을 찾아야 할 이유는 더욱 분명해졌죠. 대가의 집 앞에서 서성이길 며칠 째. 현관문이 열리던 날 대가는 집에 있었고, 드 쿠닝은 '불청객'이 찾아온 이유를 이내 알아차렸습니다. 먼저 침묵을 깬 건 거장이었습니다.

자네 제안은 별로일세. 그러나 아이디어는 존중하겠네,

그는 좀 기다리라는 말과 함께 자신의 그림 더미를 뒤지기 시작했습니다.

내준 것을 아쉬워할 만한 작품을 줘야하지 않겠나?

신인은 부끄럽기도 하고 송구한 나머지 좋은 것은 필요 없다고, 너무 좋은 것을 주면 미술상에서 얼마나 나를 미워하겠느냐고.

별로인 것을 주어도 좋아요.

하지만 말은 입술 안으로 타들어갈 뿐…
그 동안 거장의 손은 첫 번째, 두 번째 그림폴더를 지나 마침내 세 번째 마지막 칸에 이르러 멈추었습니다. 꺼내든 그림엔 〈빌의 화려한 그림 Bill's gorgeous painting〉이라는 타이틀이 붙어 있었죠.

이걸 지우세… Try to erase this one…

신인에게 넘어온 대가의 그림은 과연 여러 물감으로 화려하게 채색되어 있었습니다. 게다가 연필과 크레용 목탄을 쓰고 지우개를 많이 사용해 온 거장의 버릇으로 깨끗이 지우기란 여간 어려운 일이 아니었죠. 지우고 또 지우고… 두 달여 시간이 흘러 마침내 그림 위로 하얀 공간이 모습을 드러내기 시작했습니다.

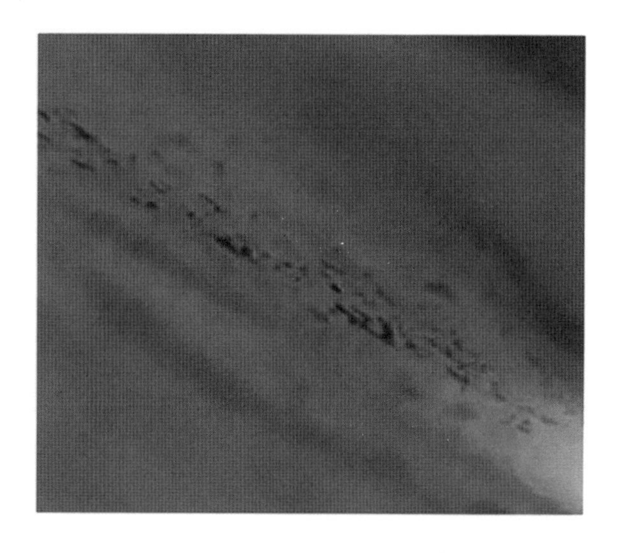

가끔씩, 아무 것도 아닌 것처럼 보이는 무언가가 가장 흥미로운 무엇인가를 찾기엔 최고의 장소라네.

라우센버그의 말처럼 '지워져' 마침내 탄생한 그림 '지워진 드 쿠닝Erased de Kooning'엔 아무 것도 없습니다. 평생을 들여다본들 그림 속에 무엇이 그려져 있었는지 알기란 어렵습니다. 이제 두 사람은 세상에 있지 않고, 우리는 단지 '지워진 드 쿠닝'이라고 불리는 그림을 전설처럼 기억하고 있을 뿐입니다.

작가는 아무 것도 아닌 것처럼 보이는 '텅 빔'에서 무엇을 그려내고 싶었을까? 비어 있음의 자기혁명(=초기화작업, default)은 성당의 종을 흔들어 그윽한 소리를 내게 하고, 빈 유리잔에 형체를 잃은 포도(포도즙)를 채우고, 재의 소녀 신데렐라에게 하늘드레스를 입히며 진짜를 드러내는! 비로소 피조의 세상이 창조의 세계로 시대를 열어갑니다.
신데렐라는 이제 세상을 깨우러 나갑니다. 내면의 아름다운 정신 순수이성을 일깨우며 인류 문명역사 이래 수많은 지식과 지혜에 '진짜'가 무엇인가를 알립니다. 십자가언덕은 자기죽음을 깨닫게 하고, 성불은 자기죽음을 찾아가게 하고, 장자의 오상아는 자기파산default, delete으로 내면의 유쾌함을 노래하고… 인간의 선험적 자유의지가 무無의 혁명으로 다가옵니다.

가면놀이

옛날에 가면만 만들고 살아온 장인이 있었다. 그에게 이상한 소문이 돌았다. 그가 만든 가면을 쓰면 얼굴에 착 달라붙으며 진짜얼굴처럼 되어 버린다는 것이다.

-너의 가면을 쓰면 진짜얼굴이 된다는 게 사실이냐?

-그렇사옵니다.

-그래? 내 것도 한 번 만들어 보겠냐?

난처해진 장인은 간신히 입을 떼며 말했다.

-이미 가면을 쓰고 계시는데 무얼 더 쓰려 하십니까?

-내가 가면을 쓰고 있다고?

-얼굴 같아 보이지만, 사실은 가면이옵니다.

-어찌 아느냐?

-마음과 다른 표정을 지으시니 가면인 게 분명합니다.

-아주 틀린 말은 아니다. 하지만 가면으로 사람들을 유혹하니 그게 문제다.

그러자 가면장인, 펄쩍 뛴다.

-억울합니다. 제가 어떻게 가면을 만들어 씌우는지를 아신다면 벌을 내리지 않을 것입니다.

임금은 슬며시 귀를 당기며 물었다.

-그게 뭐냐?

-가면을 쓰기 전에 해야 할 일을 가르쳐줍니다.

-무엇이냐?

-3년 간 좋은 마음으로 살다오라고 합니다.

사람들이 장인을 다시 찾을 때는 다들 아름답게 변해 있었다는 것이다.

-제가 하는 일이라곤 고작 사람들 얼굴에 가면을 씌우는 시늉을 낼 뿐입니다.

레드카펫 어린왕자

중세의 유럽 사람들은 붉은색 모직재킷을 한번 입어 보는 게 평생소원이었다. 빨간색 천이 그만큼 비쌌기 때문이다. 붉은색 염료를 만들려면 어떤 '과정'이 필요했다, 그것은 죽음을 거쳐야만 가능한 일이었다. 1kg의 모직을 빨갛게 염색하려면 만 여 마리가 넘는 '연지벌레'가 죽어야 했다.

레드카펫! 붉은 피로 물들며 위대한 길이 되었습니다. 헌신과 열정, 사랑, 피, 성령을 상징하는 붉은색의 이면에는 권력이 숨겨져 있기도 하죠. 오늘날에도 국가의 주요행사나 스타 탄생의 자리엔 어김없이 레드카펫이 등장합니다. 피로 물든 아픈 길임을 기억하는 사람들은 거의 없을 테지만.

상처는 별이 되어… Scar is a Star!

낮에 뜬 별도 있습니다. 신이 다니는 길, 우리 몸 60조 개 세포를 연결하는 곳, 신경神經이 그 '별'이죠. 선악과 상처와 생명나무 빛을 기억하는…

신경神經

1. 신경세포의 돌기가 모여 결합조직으로 된 막에 싸여 끈처럼 된 구조. 뇌와 척수, 그리고 우리 몸 각 부분 사이에 필요한 정보를 서로 전달하는 구실을 한다.
2. 어떤 일에 대한 느낌이나 생각.

국어사전은 '신경' 옆에 '神經'이라는 한자를 달아놓았습니다. 글자대로 풀이하면 '신神이 다니는 경로'가 됩니다. 우리 몸엔 은하수별같이 반짝이는 신경세포가 있고, 뇌는 860억 개가 넘는 신경세포 뉴런neuron으로 둘러싸여 있습니다.
신경세포는 각기 돌기회로를 형성하여 전기신호를 내보냄으로써 몸 안과 밖의 수많은 정보들을 처리해갑니다. 이때 처리되는 정보체계는 두 개 힘의 영역으로 나뉩니다. 몸은 중력 전기력 양력 항력 등의 물리적 힘의 원리에 따라 생로병사를 오가고, 정신은 내면영성에 따라 지배를 받습니다.

만약 '신이 다니는 길'로서 신경세포가 살아난다면 '어둠의 자기'는 빛 앞에 힘을 잃을 것입니다. 마치 육신의 마음 판 필름에 찍힌 수많은 상들이… 근심이거나 두려움 불안 수군거림 비교마음 열등감 등이 빛 앞에 한 순간 지워지며 사라질 것이므로.

그 날, 한 송이 붉은 장미꽃을 사랑한 어린왕자는, 우물가에 앉아 지구에서의 마지막 시간을 보내고 있었습니다.

-네가 가진 독은 좋은 거겠지? 날 오랫동안 아프게 하지 않을 자신 있지? 자, 그럼 이제 저리 가… 나 내려갈 거야.

나는 돌담 밑을 내려다보다가 깜짝 놀라 펄쩍 뛰었다. 거기에는 단 삼십 초 만에 사람을 해칠 수 있는 노란 뱀 하나가 어린왕자를 향해 몸을 꼿꼿이 세우고 있었던 것이다.

마지막 날 어린왕자가 건넨 이 말은 두고두고 마음에 남아 하늘을 보게 했죠.

중요한 건 눈에 보이지 않는 거야. 아저씨가 밤에 하늘을 바라볼 때면 나는 그 별들 중 하나에 살고 있을 거야. '웃는 별'이 되어 있을 테니까.

숯이냐 다이아몬드냐

어느 부자아빠에게 비밀 하나가 있었다. 그의 손가락엔 언제나 능력을 일으키는 반지가 빛났다.

-날 가장 사랑하는 아들에게 이 반지를 넘겨주어야겠다.

세월이 지나 부자아빠에게도 세상과 이별해야 할 시간이 왔다. 그는 세공사를 찾았다.

-반지 두 개를 더 만들어주시오, 똑같이…

반지를 받은 아들들은 기뻐했다. 얼마 후 아버지 무덤 앞에 선 삼형제는 깜짝 놀랐다.

-아니, 형님이 어떻게 이 반지를…

-아니 어떻게 아우가 저 반지를…

결국 이들은 법정 앞에 섰다.

-어느 반지가 진짜입니까?

재판장은 말했다,

-아버지 뜻을 따라 사는 아들이 반지의 주인공이오. 그대들 삶이 '진짜'를 증명할 것이오.

독일 비평극작가 레싱Leessing(1729-1781) 作 〈현자 나탄〉 '레싱의 반지' 중에서

가장 빛나고, 가장 단단한 다이아몬드Diamond는 그리스어 'adámas'에서 이름이 유래되었습니다. '부스러지지 않는, 정복되지 않는…'의 어원을 가지며 으뜸 보석이 되었죠. 이러한 특성으로 다이아몬드는 최상의 보석으로 등극하게 되는데요. 그리고 15세기 오스트리아 대공이 신부로 약속된 프랑스왕국 공주에게 다이아몬드를 손가락에 끼어주면서부터 다이아몬드는 '영원한 사랑'의 의미를 되새기게 되었다고 합니다.

탐나는 다이아몬드, 많이 만들어낼 수는 없을까?

사람의 생각은 비슷하게 흐르게 마련이죠. 다이아몬드가 숯과 같은 원소기호 6번 탄소임을 밝혀낸 이후 다이아몬드 연금술에 대한 염원은 더욱 커져갔습니다. 도전자 중엔 물론 과학자도 있었습니다. 그렇다면 자존심 강한 다이아몬드가 쉽사리 자기를 내주었을까요?

다이아몬드는 오로지 탄소로만 이루어진 광물이기 때문에 연필에 사용하는 흑연이나 숯과 성분상 차이가 없다. 흑연과 다이아몬드를 구별하게 하는 것은 바로 생성조건이다. 탄소덩어리가 지하의 고온과 압력을 지속적으로 받으면 타지 않는 다이아몬드가 되고, 반면 그냥 타버리면 흑연이 되고 만다.

센서로세계로미래로 블로그, 2021

숯이 다이아몬드가 될 수 있다는 가능성을 믿는 사람들 중엔 물리학자 브리즈먼P. W. Bridgma(1882~1961)도 있었습니다. 그는 화산폭발 때 다이아몬드가 지표로 밀려드는 현상을 보며 이에 착안하여 '매직'을 결심합니다. 앞서의 정보처럼, 다이아몬드가 되려면 무엇보다 특정 고온과 고압을 견뎌야 합니다. 브리즈먼은 그 조건부터 만들기로 했죠. 고압에서의 물질특성에 관한 연구를 거듭한 끝에 수 초 만에 섭씨 3천도, 기압 3만5천에 근접하며 압력실험에서 성공을 거둡니다. 이 성과는 1946년 브리즈먼에게 노벨 물리학상 수상의 영예를 안깁니다.

이론상으로는 다이아몬드 생성조건이 완벽히 갖추어졌음에도 불구하고 연금술은 여전히 답보상태였죠. 그러던 중 도전에 뛰어든 또 다른 사람들, 스웨덴 전기회사 ASEA의 '비밀결사대'가 있습니다. 그들은 연구팀을 꾸려 합성다이아몬드 제조에 나서기로 합니다. 하지만 성과는 오리무중. 매번 허사로 끝나는 매직이 원망스러울 때, 팀원 중 한 사람이 궁여지책 아이디어를 냅니다.

저 용광로에 다이아몬드 씨앗을 뿌려보면 어떨까요?

간절함은 혹시나 하는 일에도 애정을 기울이게 하죠. 그들은 믿거나 말거나 응축과정에 작은 진짜 다이아몬드 알갱이를 넣어보기로 한 겁니다. 믿기지 않는 일은 곧 일어났습니다. '괴짜 마법'이 통한 것입니다. 그들은 마침내 그들은 용광로에서 쏟아지는 '숯의 거듭남'을 다이아몬드로 확인할 수 있었습니다.

천국은 마치 사람이 자기 밭에 갖다 심은 겨자씨 한 알 같으니
이는 모든 씨보다 작은 것이로되, 자란 후에는 풀보다 커서 나무가 되매 공중의 새들이 와서 그 가지에 깃들이니라. **마태복음 13:31-32**

다이아몬드는 '비어 있음'으로 강력해졌습니다. 입자와 입자 간 경계가 사라지며 하나 된 구조를 갖게 된 것입니다. 형태로 보면 육각구조. 그 속은 텅 비어 있습니다. 과학자들은 원자핵 주위를 도는 전자의 흔적을 찾아내긴 했지만, 크기가 너무 작아 '없다'고 말합니다. 진리는 보이지 않으나 변함이 없고, 영광은 되돌릴 빛을 품고 하늘로 올라갑니다.

마음지우개

그날, 제자 안성자유가 스승 남곽자기를 보는 눈이 가라앉는다.

–스승님, 어찌 된 일입니까?

–무엇 때문이냐?

–지금 책상에 기대어 앉아 계신 분은 이전의 스승이 아니십니다.

몸도 마른나무 검불같아질 수 있습니까?

마음도 불 꺼진 재처럼 될 수 있습니까?”

남곽자기가 말했다.

–안성자유야, 네가 그것을 어찌 알았느냐. 지금 나는 나를 잃어버렸노라.

장자 〈제물편〉 오상아

나는 나를 장례 지내다! 마른나무 검불에서 오상아吾喪我가 번뜩입니다. 자아해체를 감지하고 묻는 제자를 기특히 바라보는 스승의 눈빛엔 그리움이 번져나갑니다.

자연의 실상 자체엔 이분법이 없다. '저것'과 '나'는 본래 연속되어 있다. 그런데 나의 의식이 인위적으로 그 연속성을 끊어내면서 존재의 실상이 왜곡되기 시작한다.
그렇기 때문에 내가 없으면 취할 것이 없다. 한 번 육신이라는 형체를 받으면 죽을 때까지 '나'라는 의식을 잊지 못하고 '나'라는 고정된 자의식을 좀처럼 벗어던지지 못한다.
그리하여 나의 욕구를 채우고 이름을 드높이고자 타인과 더불어 소유를 위해 서로 해치고 다투기를 말 달리듯 하여 막을 길이 없으니 참으로 슬프지 않은가.
장자(BC 369-289), 제물론

이제까지의 나를 장례지내고 이제부터의 나로 살아가는 거듭남! 장자는 오상아를 노래하고, 부처는 성불로 자기죽음을 향하고, 예수는 십자가 죽음으로 부활의 지평을 열어갑니다.

성불, 오상아… 좋긴 한데…

의문이 듭니다. 일반적으로 '나를 장례 지내다'라는 뜻으로 해석되는 이 말의 뜻을 생각해봅니다. 내가 나를 죽이면 죽이는 나를 어떻게 죽이며, 내가 나를 스스로 비운다 하면 비우는 나는 어떻게 비울 것이며, 내가 나를 미워하면 미워하는 나는 어떻게 미워할 것인가?

마음을 지우는 지우개라도 있다면 쓱쓱 지울 것도 같은데… 또 다시 걸리는 죽음… 죽이는 주체가 나라면 죽음이 무슨 소용 있는가, 빛은 그의 빛으로, 영광으로 세상을 빛내는데!

가짜마음 진짜마음

마음

1. 사람이 본래부터 지닌 성격이나 품성.

2. 사람이 다른 사람이나 사물에 대하여 감정이나 의지, 생각 등을 느끼거나 일으키는 작용이나 태도.

3. 사람의 생각, 감정, 기억 등이 생기거나 자리 잡는 공간이나 위치.

국어사전

도구를 쓸 줄 아는 인간이 정작 마음 쓸 줄은 모르고 살아갑니다. 이유는 마음을 하나로 보기 때문이죠. 우리의 마음세계는 정확한 법칙을 따라 일어납니다.

곧 속사람 진짜마음과 자기로써 살아가는 겉사람 가짜마음, 이 두 가지가 인간의 마음세계를 지배합니다.

왕이 이르되 산 아들을 둘로 나눠 반은 이 여자에게 주고, 반은 저 여자에게 주라. **열왕기상 3:25**

참 엄마가 아이를 찾는 길이 뜻밖에 '칼'을 만나는 일이 되었습니다. 진리는 칼이 되어 묻습니다. 네가 진짜 너냐? 인생의 쓴맛은 '칼'이 되어 마음의 주인이 진짜인가 가짜인가가 가릅니다. 진검승부! 진짜 마음 가짜 마음을 가리기 위해 솔로몬의 지혜는 오늘도 번뜩입니다.

그래도 그렇지, 왕이라 해도 너무한 것 아니에요?

재판 중에 이런 반문도 있었을 법합니다. 솔로몬 지혜의 명성은 동양에서도 자자합니다. 시화詩畵가 슬며시 나섭니다.

해가 저물자 말이 방향을 잃고 길을 헤맨다. 누가 길을 헤매는 건가? 말인가, 주인인가? 삶이 두렵고 화나고 외롭다면 나를 이끄는 주인이 누구인가를 살피는 것, 성찰의 시작이다.

성찰省察

1. 자기의 마음을 반성하고 살핌

2. 고해성사 전에 자신이 지은 죄를 자세히 생각하는 일

회개悔改

1. 잘못을 뉘우치고 고침

2. 신앙생활로 들어가는 데 필요한 요건의 하나. 살아온 삶이 잘못되었음을 자각하여 죄를 반성하고, 그로부터 벗어나려는 뜻을 세워 새로운 삶으로 들어가는 일을 이른다.

표준국어대사전

마음을 지우는…

가짜마음

육신肉身

1. 구체적인 물체로서 사람의 몸.

2. (기독교) 영혼의 현신現身인 인성人性.

(유의어) 몸, 몸뚱이, 신체

상像

1. 눈에 보이거나 마음에 그려지는 사물의 형체.

2. 조각이나 그림을 나타내는 말.

3. (물리) 광원에서 비치는 빛이 거울이나 렌즈에 의하여 반사하거나 굴절한 뒤에 다시 모여서 생긴 원래 물체의 형상. 스크린 위에 비추어 낼 수 있는 실상實像과 비출 수 없는 허상虛像이 있다.

겉사람

겉으로 드러나 보이는 모습의 측면에서 본 사람.

지식백과사전

상像에 매여 사는 마음상태다. 자기중심의 축에 고착되어 있거나 집착 욕망 등 기울어진 의식을 말한다. 거듭남의 여정을 밟는 과정에서 참 나를 발견하기까지, 가짜마음의 영역에서 살아간다.

가짜마음에 대해 종교에선 사단 마귀 거짓영 겉사람 지옥 번뇌 미혹 아귀 축생 등 여러 단어로 말하지만, 한 자로 줄이면 진리보다는 자기가 앞서서 살아가는, 자기초월 이전의 나다. 경쟁 시기 질투 열등감. 두려움 번뇌 죽음에 대한 공포, 망상 등에 묶여 있다.

자기기준이 잣대 되어 살아간다. 나는 늘 옳고 선하므로 상대가 마음에 들면 좋은 사람, 안 들면 나쁜 사람이다. 내가 기준이 되어 선과 악을, 적과 아군으로 저울질하니 시비가 붙고, 세상이 잘못되어 있다고 생각하니 마음이 늘 불편하고 스트레스가 쌓인다.

남을 통해 세상 보는 눈이 밝으므로 늘 사람과 주변 상황에 민감하다. 상대가 나에게 어떤 반응을 보이는가에 따라 의지하려 하거나 반대로 의지하려는 사람을 만나면 손절하거나 으스댄다. 자존심, 즉 자기를 존귀하게 여기는 마음이 상대로부터 구해지므로 자존감이 낮아질 수밖에 없다.

자신의 부족한 부분에 예민하며 작은 것도 지나치게 아끼거나 탐하는 경향이 있다. 불안 불신, 의심, 시기 분쟁, 수군거림이 나타나며, 자기 뜻대로 안되면 슬프고 죽고 싶을 때가 많다. 스스로 도덕적이고 올바르다 여기지만 결국 죽음 앞에서 한없이 나약하며, 진리의 깨달음으로 오는 자유와 평화가 없으므로 매사 두려움을 갖는다.

진짜 마음

밤하늘 빛나는 별이 눈에 들어온다. 고난은 지금까지 나 중심으로 나를 믿던 마음에 저항과 마찰을 일으키며 땅에 의지해 있던 나로부터 벗어나는 동력, 즉 장자가 말한 작은 물고기가 역풍을 타며 하늘을 나는 붕새의 신비를 보게 한다.

거듭남의 세계가 열리는 순간이다.

온 누리가 하나이고, 너와 내가 하나임이 깨달아진다. 해(=우주하늘마음)를 가렸던 달(=자기중심의 피사체인 나)이 벗겨지며 세상이 다시 밝아 오르는 장엄의 미학을 경험한다.

진짜마음은 가짜마음으로 살아온 내가 발견되는 회개 또는 반성적 성찰로부터 시작된다. '지금까지의 나'를 나로 알고 믿고 살아온 것에 회의가 느껴지고, 잘못 살아온 게 아닌가 하는 나에 대한 의구심이 든다.
그동안의 삶에 대한 집착은 창조적인 변화 자체에 대한 본질적인 저항을 일으키는데, 저항에서 벗어나려는 마음은 마치 양력을 일으키는 기류처럼 어느 순간 반전을 일으키며 자신도 모르게 기도나 수행에 대한 강한 의지를 발동시키며 순수이성을 향해 나아간다.
'메타노이아'라고 말하는 회심回心의 지점이 삶 가운데 찾아든다면 축복이다. 여기에 악역의 천사로 나타나는 것이 있는데, 바로 고난이다. 사람들은 고난을 피하게 해달라고 기도하지만, 역경을 통과할 때 초월의 세계가 열리는 것을 경험하게 되니 '고난이여, 어서 오시오세요'라고 기도하는 것이 더 효과적일지도 모른다.

그동안 육신에 기거하며 살던 가짜마음의 허울이 벗겨지면서 내 안의 진짜마음이 드러나는 것을 보게 된다. 영성에 눈 뜬다고도 말할 수 있다. 기독교의 구원 거듭남 성령 속사람, 불교의 자각 성찰 법열 등으로 표현되는 마음의 영역이다. 빛의 인격, 곧 하늘시선의 지평이 열리며 인간의 존엄성이 무엇인지가 발견되고 '진리가 전체'라는 하늘시선의 조감도가 삶 속에 펼쳐진다.

바를 정正자는, 바르지 않다

하늘에 누운 자

땅에 엎드린 자

하늘로 기어오르는 자

하늘과 땅을 오르내리는 자

하늘땅 사이에 걸친 자

천자문, 바를 정正

지상에서 바라본 '바를 정正'자의 모습은 결코 바르지 않습니다. 다섯 획 모두가 다릅니다. 하지만 땅에서 바라본 '바를 정'이 비록 제각각의 다른 획을 갖고 출생했을지라도, 하늘에서 바라본 '바를 정'은 어린왕자가 말한 모두가 '웃는 별' 한 획을 지니고 빛납니다.
이것이 바를 정의 진심이고 진실이라면… 조감도의 시선 안에서 다섯 획 모두가 자기 고유위치를 지닌 하나 된 은하의 수많은 별로서, 소나무는 소나무이고 파랭이꽃은 작은 꽃일 뿐. 크고 작고 많고 적고의 시비가 사라지는 자리, 인간 순수지성이 별 같이 반짝이는데, 그럼에도 바를 정이 '덫'이 되는 장면은 수두룩 차고 넘칩니다.

수년 전 서울 정동의 프란치스코를 찾던 날, 마침 덫을 주제로 한 강의가 있었습니다. 이 행운을 놓칠세라, 받아쓰기에 신이 났죠. 그 바람에 아직도 노트북에 남아있는 그날의 강의내용을 옮깁니다.

덫

프란치스코 작은형제회

이재성 보나벤투라 수사

빛인 그리스도가 우리에게 들어와. 그 빛이 우리에게 들어와 우리의 상처를 치유합니다. 마음의 고요 들어오게 되면서 평화를 얻는 거예요. 나의 부족함 깨달으면서 들어오는 빛이 마음의 평화. 이것이 성령, 신비입니다.

내 안의 나, 욕심을 일으키는 '까로caro_육肉'를 끊임없이 바라보십시오. 나의 까로, 인생의 덫을 바라보는 동안 나의 결함이 인정될 수밖에 없어요. '까로'를 있는 그대로 바라보고 받아들일 때 그리스도의 신비사건이 풀립니다. 깨끗한 심신으로 거듭나게 되죠.

누군가로부터 내게 관련된 안 좋은 이야기를 둘러 듣게 될 때, 우리는 서운하다거나 기분 나쁜 것을 경험하게 됩니다. 무엇에 걸린 것입니까? 덫!

덫에 걸린 나라는 나를 바라보라는 거예요.

대개는 잘 몰라요. 자기라는 덫에 걸려 있다는 것을. 그 덫이 어떤 것이고, 덫의 정체를 알게 되면 매번 덫에 걸리지는 않겠지. 자신이 덫에 걸린 것을 모르니, 덫이 들켰나 안 들켰나? 그러니 덫에 계속 걸려들고 말아요.

기분 나쁘고 서운하고 울고 싶고 외롭고 두렵고…. 자신의 '까로'에 걸려들면서 "그럴 수 있냐" "저럴 수 있냐" 원망하니 자기가 친 그물에 계속 걸려드는 것입니다.
예수님, 성 프란치스코… 이 덫이 있었을까 없었을까? 있었어요. 우리와 똑같은 인간의 몸을 갖고 있었기에. 단, 그들에겐 덫을 볼 수 있는 시각이 열려 있다는 것이 세상 사람들과 다른 거죠.

덫, 아주 교묘하게 숨어 있습니다. 그 덫이, 그물이 쳐져 있는 줄 알게 되면… 덫은 그때부턴 무용지물, 사업파산이죠. 초등학교 때 보물찾기를 하는데, 아주 교묘히 숨긴 건 찾아내기 어려워, 하지만 일단 찾아내고 나면 너무 쉽고 빤한 거예요.

무엇보다 덫이 쳐진 게 보이려면 빛이 어둠을 밝혀야 합니다. 대낮에도 찾기가 어려운 것을 어찌 어둠 속에서 볼 수 있겠습니까? 빛이 와야 해요. 빛을 밝혀 덫이 드러나게 해야 해요. 덫을 발견하려고 노력할 것이 아니라, 덫을 드러낼 빛을 발견하는 것이 중요합니다.

환한 빛이 뭐냐? 세례洗禮! 세례가 되어 막힌 담이 허물어지면 빛은 저절로 들어옵니다. 나는 죽고, 주님은 살고. 난 세례를 받았는데, 세례 받아도 빛은 안 보이는데… 하는 분이 있다면, 그것은 감각적의 세례를 받았기 때문입니다.

덫에 걸려든 것을 모르는 이유는 이미 감각이 덫에 걸려 있기 때문에. 우리들의 감각이 덫과 섞여 있으니 덫이 발견될 리가 없습니다. 어려워도 빛을 향해 가는 것, 이것이 덕德입니다.

덫에 걸린 노루를 생각해 보십시오. 다리를 빼려고 하면 할수록 덫은 더욱 세게 가는 다리를 옭아맵니다. 우리도 다 육신이라는 덫에 걸려 상처를 입어가며 살고 있죠. 오감… 시각 청각 후각 미각 촉각 모두가 다 세례를 받아야 합니다. 오감 자체가 덫에 걸려 있어요.

답을 찾으셨나요? 나를 의식하고 바라보는 순간, 어둠이 사라지는 순간을 체험할 수 있습니다. 나를 바라보고… 나의 어둠을 바라보는 순간… 어둠이 사라지고 내가 사라지며 빛이 마음 안에 전신으로 번져갑니다.

어느 날 퍼뜩 깨달아진다? 그럴 순 있어도, 날마다 순간순간 일상 속에서 바라보기를 하지 않으면… 말씀을 묵상하지 않으면 깨달음은 머리에서 마음으로 내려오지 않아요. 몸을 바로 하시고… 두 손을 무릎 위에 놓으시고… 힘들었던 순간을 떠올려보십시오. 관상하시고.

천국이 어디냐고 물으신다면

여기 들어오는 자들이어, 희망을 버려라.

단테 신곡, 지옥편

신곡을 시작하며 읽는 이의 마음을 꽝 때리고 지나가는 이 한 문장… 희망을 버려라… 희망을 버릴 수 있는가? 그럴 순 없습니다. 희망이 없는 삶이란 그 자체가 지옥일 것이기 때문이죠.

신곡은 고대 로마 최고의 시인 베르길리우스와 젊은 시절 짝사랑했던 베아트리체의 인도를 받아 사후세계인 지옥-연옥-천국을 여행하며 신화 혹은 역사 속 인물들을 만나 나눈 이야기를 총 100곡, 지옥-연옥-천국 각 33곡에 서곡을 더한 장편서사시입니다.
그중 더 많이 알려져 있는 것은 지옥편으로, 연옥의 언덕 위로 올라가 천국으로 가기 위해서는 저승세계를 거쳐야 한다고 말해주는 베르길리우스의 안내를 받아 지옥여행길을 떠나는 것으로 시작합니다.
단테가 숲속에서 길을 잃다가 만난 표범 사자 암 늑대는 인간이 죄의 길로 들어서는 세 가지 유혹을 상징한 것으로 표범은 음란함, 사자는 오만함, 암 늑대는 탐욕을 나타냅니다.

'단테'라는 이름은 '두란테 델리 알리기에리Durante degli Alighier'라는 본명 앞 글자 '두란테'에서 나왔죠. 두란테는 '장수하는 날개가 달린 자'라는 뜻입니다. 결국 단테는 인류문학사의 위대한 작품 〈신곡神曲〉을 씀으로써 그의 이름처럼 '장수날개 달린 자'로서의 영향력을 길이길이 남기게 됩니다.

그렇다면 단테는 신곡 중에 천국 편은 어떻게 서술하고 있을까? 천국은 옛 유럽인들의 믿음을 따라 지구를 둘러싸고 있는 여러 겹의 하늘로 이루어진 것으로 묘사됩니다. 단테의 평생 연인인 베아트리체가 천국으로 가는 길을 도와주며, 최고의 지고천至高天은 성 베르나르도가 안내를 합니다. 그렇다면 단테가 본 천국은 어떤 모습일까 궁금한데요, 사람들은 오히려 천국의 반대편인 지옥 편 마지막 글에서 천국의 이미지를 떠올리게 되었다고 합니다.

밝은 세상으로 돌아가기 위하여 길잡이와 나는 그 험한 길로 들어갔으니 휴식을 취할 생각도 없이 그 분은 앞에서 나는 뒤에서 위로 올라갔으며, 마침내 나는 동그란 틈 사이로 하늘이 운반하는 아름다운 것들을 보았으니, 우리는 밖으로 나와 별들을 보았다. **신곡, 지옥 편 31-33곡**

깜깜한 감옥에서도 별을 본 사람, 세르반테스Miguel de Cervantes(1547-1616). 그는 하급 귀족출신이지만 몰락한 집에서 태어났습니다. 어린 시절부터 빚더미에 허덕이며 살아야 했죠. 그는 세비야 감옥소 독방에 앉아 중얼거립니다.

나처럼 지지리 운 없는 사람이 또 있을까?

20대 전쟁에 참전을 하게 된 그는 왼손총상으로 평생 왼팔을 못 쓰는 장애자가 되고 맙니다. 30대엔 해적에게 납치되어 탈출을 시도하다가 수포로 돌아가고, 수년 간 노예생활 끝에 주위의 도움으로 간신히 풀려납니다.
이후 글 솜씨가 좋았던 세르반테스는 작품을 쓰기 시작하지만 공들여 쓴 글은 온통 비난의 화살로 돌아올 뿐이었습니다. 생활고에 시달리다가 세금징수원이 되지만, 영수증을 잘못 발행한 죄로 옥에 갇히게 되고. 이때 감방에서 구상한 작품이 세계 최초의 근대소설로 평가되는 〈돈키호테〉입니다.

하나님은 의미 없고 고통 많은 이 세상을 왜 창조하셨을까?

감방에 쪼그리고 앉아 인생에 속고 살아온 자신의 처지를 서러워했을 것입니다. 인생, 이렇게 폭삭 주저앉고 마는 건가? 고통은 캄캄한 곳에서도 하늘별을 보게 하는 신통력이 있습니다. 외로이 재cinder의 자리에 나앉게 된 세르반테스. 그의 낙심은 점차 기도로 향하고, 알 수 없는 희망이 비전의 지평으로 그를 안내하고 있었습니다.

그래, 꿈꾸던 나를 그려 보는 거야. 세상에선 볼 수 없는 별을 새겨보는 거야..

마침내 원고지는 주인공 돈키호테를 따라가고, 별은 세르반테스를 부릅니다. 환영일까, 멀리서 빛나는 연인 둘시네아Dulcinea의 모습이 보입니다. 황금빛 머릿결, 엘리시움 들판 같은 이마, 반짝이는 두 눈동자, 장밋빛 두 뺨, 무지개 같은 눈썹, 아름다운 미소가 환합니다.

어서 오세요. 이곳으로 어서 건너오세요!

영원과 불멸

죽음을 어떻게 볼 것인가?

이 문제에 관해선 과학적인 선택을 할 수도 있고 종교적인 선택을 할 수도 있다. 영혼이 다른 육신을 빌어 환생한다고 볼 수도 있고, 에너지가 여러 물질의 형태로 순환되는 거라고 생각할 수도 있다.

어느 것을 선택하거나 한 가지 분명한 것은 우리는 모두 에너지이며 항구적으로 순환하고 있다는 것이다. 영적 관점까지 나아가느냐, 육신적 관점에 머물다 갈 것인가가 다를 뿐.

베르나르 베르베르

따뜻한 봄입니다. 노랑나비는 종일 행복했습니다. 하루살이랑 재밌게 놀았으니까. 나비가 말합니다. 우리 오늘 재밌게 놀았지, 내일 또 만나! 이 말에 하루살이는 놀랍니다. 내일이 뭐야?
나비는 하루살이를 떠나 제비와 놀았습니다. 다음 날도 놀고, 그 다음 날도… 나비는 내일을 아는 제비와 노는 것이 즐거웠습니다. 가을이 왔습니다. 제비가 말합니다. 우린 이제 헤어져야 해. 왜? 남쪽나라 가야 하거든, 내년에 다시 만나. 이번엔 나비가 충격을 받습니다. 내년이 뭐지?
해가 지나 제비는 박 씨를 물고 따뜻한 지붕에 둥지를 틉니다. 씨앗은 땅속에 움을 트고, 여름이 지나자 흥부는 주렁주렁 박을 타는데… 이게 웬일입니까. 박 타령을 따라 보화가 쏟아져 나오기 시작합니다. 흥부, 눈이 번쩍! 에고 좋다. 하늘이 감동하여 박통 속에서 쌀과 금이 나는구나!
신나게 박 타던 흥부가 제비에게 말합니다. 우리 영원히 같이 살자. 이번에는 제비가 충격을 받습니다. 영원히 사는 게 뭐지? 사람 중에도 제비처럼 묻는 이들이 있습니다.

영원히 사는 게 뭐지?

영원히 산다는 것! 이제까지 '나'로 알아왔던 개체로서의 경험이 재가 되어 날아가면서(=초기화) 전체진리의 힘으로 탄생된 나를 발견하는 순간이죠. 전체의식으로서의 나, 곧 초기 값을 인식하는 일은 진짜마음의 나로 살아가는 출발선이기도 합니다.

디폴트 값을 정의하기 위해 조력이 되어준 에세이 한 편을 소개합니다. SNS에 올린 글의 제목은 '나이 든 사람의 '디폴트 값default value(기본설정값)'은 '불행이다' 디폴트 값 불행이 어떤 의미를 갖는지, 글 중 일부를 옮깁니다.

디폴트 값, 그 의미에 대해

변호사 윤경, 2024

나이가 들면 모든 것이 바뀐다. 나이든 사람의 '디폴트 값은 '불행'이기 때문이다. 나이가 드는 것 자체가 불행의 늪으로 빠져드는 과정인 것이다. 그렇지 않다면 나이든 사람의 우울증 비율이나 자살률이 타 연령대에 비해 높은 이유를 설명할 길이 없다.

우리나라의 경우 남성은 평균 9년, 여성은 평균 12년을 질병 등으로 고통을 받다가 죽는다는 통계가 있다. 누구나 건강하게 살다가 죽고 싶어 하지만, 실상은 전혀 그렇지 않다. 평균 9~12년을 병실이나 요양원에서 신체적 고통을 받다가 죽는 것이다. 나이가 들면서 쇠약해지고 사랑하는 사람들을 떠나보내고, 직업을 잃고, 경제력을 상실하고, 사회적 관계망이 단절되면서 외로움에 시달리는 시기가 시작되는 것이다.

젊은 시절엔 행복을 추구하면서 시간을 보낸다. 하지만 나이가 들면 불행의 늪에서 빠져나오기 위해 발버둥 쳐야 하는 것이다. 그러다보니 내게도 몇 가지 깨달음도 생기면서 나의 내면에 속삭인다.

첫째, 운명을 받아들여라.

운명은 곧잘 포르투나Fortuna 여신의 모습으로 나타난다. 이 여신은 계속해서 해복의 바퀴(포르투나의 수레바퀴)를 돌린다. 바퀴가 돌아가다 보면 가장 아랫부분이 가장 윗부분으로 되기도 하면서 자리를 교대한다. 올라갔던 사람도 결국 아래로 내려가야 한다. 따라서 지금 위에 있건, 아래에 있건 너무 개의치 마라. 모든 것은 다시 돌아갈 수 있다.

둘째,

우리가 가진 것, 사랑하는 것, 귀중하게 여기는 것 모두 유한하다. 건강, 배우자, 자녀, 돈, 명예, 지위 등. 이런 것들은 모두 덧없는 것. 이를 악물고 이를 추구하지 마라. 여유 있는 마음으로 운명이 우리에게 이를 허락하면 그저 고마워하고 기뻐하라. 이 모든 것은 단지 빌린 것이고, 언제든지… 늦어도 죽을 때까지는 다시 반납해야 함을 의식하며 살면 좋을 것이다.

셋째,

우리가 많은 것, 혹은 모든 것을 잃었다고 해도 우리가 겪어온 삶에 언제나 좋은 것이 존재하고 있었다는 것, 그리고 모든 달콤한 것에는 쓴 것이 섞여 있음을 상기하라. 탄식은 가당치 않다.

넷째,

우리의 생각과 사고의 도구, 불행과 상실과 실패를 스스로 해석하는 방식은 그 누구도 우리에게서 앗아갈 수 없다. 인간의 마지막 자유는 바로 주어진 상황에 대해 자신의 태도를 선택할 수 있는 것이다. 그러면 아무도 우리에게서 행복을 앗아갈 수 없다.

-(-)는 플러스, -(+)는 마이너스, 불변의 진리입니다.

영원히 살고 싶어 하는 마음은 하늘을 향하고, 영원히 죽지 않고 싶어 하는 마음은 땅에 묻히니, 누구도 우리에게서 앗아갈 수 없는 인간의 행복한 삶과 마지막 자유 죽음에 대한 해석은 영원과 불멸 사이를 오가며 판도라의 상자를 열어갑니다.

물론 안 좋은 소식도 있죠. 그 옛날 불로초 앞에서 허망하게 눈감은 인물, 진시황 이야기는 죽음과 생명 사이를 오가며 인생의 덧없음을 새기게 합니다. 운이 나쁜 게 아니라, 나뿐(나 중심)으로 살아가겠다는 개체의식이 불멸을 향해 치닫게 하고 영생의 지평을 여는 출발점, 디폴트(재의 자리) 지점을 우습게 여기며 평생의 영화에 붙들려 삽니다. 영생의 지평을 여는 플러스의 지점, 곧 '마이너스의 마이너스는 플러스'의 공식을 놓쳐버린 것입니다.

불로초를 부탁해

왕이시여, 불로초를 구해오겠습니다.

천하를 얻은 진시황이어도 죽음 앞에선 속수무책. 그렇게 영원히 죽지 않길 갈망하던 그 앞에 한 남자가 나타납니다. 그의 이름은 서불. 동해로 나아가면 불로초가 있다는 겁니다. 그의 말에 진시황은 크게 기뻐합니다. 이윽고 서불은 곤륜산 천년고목으로 만든 배에 동남동녀童男童女 오백 명을 태우고 동해로 출발합니다.

서불의 말대로 동쪽바다 한국 일본 등지엔 그들 일행이 다녀갔음을 암시하는 흔적이 남아 있는데요. '서귀포西歸浦'라는 지명 역시 서불이 돌아간 포구라는 뜻으로 지어졌다고 합니다. 훗날 연구에 의하면, 서불이 말한 불로초는 도교 신선사상에 바탕을 둔 황금 옥 등의 광물질일 것으로 추정하고 있습니다.
진시왕은 특히 단약을 남용했다는데, 어찌되었든 불로초를 바치던 서불의 여행은 아이러니하게도 진시황의 죽음을 재촉하는 저승길이 되어버렸습니다. 이 땅은 불멸을 찾아 헤매고, 저 하늘은 영원함으로 기다리고…

'불로초'를 얻는 과정 중에 진시황이 한 기이한 행동 중 '분서갱유'를 빼놓을 수 없습니다. 육신의 나, 거짓 나, 세상 현상에 일희일비하던 나, 나를 둘러싼 모든 경험, 소유, 나의 모든 것이 재가 되어가는 과정을 거치지 못한 채 모든 서적을 불태우고 책 읽는 유생의 목숨을 땅에 묻은 끔찍한 사건이죠.

분서갱유! 어떤 이에겐 자기이름이 재가 되어 참 나를 발견하는 행운이 되기도 하고, 또 어떤 이에겐 생명을 해치는 불운으로 남아 슬픈 역사가 되기도 합니다.

우리의 일체지향적인 부분은 몸-에고와의 동일시를 초월하고, 소멸을 체험하고, 더 큰 전체와 통합하고자 한다. 반대로 물질지향적인 부분은 분리된 정체성에 집착하는 자기보존본능과 죽음의 공포에 굴복한다. 쉽게 대처할 수 없는 이런 갈등은 심령의 변성과정에서 심각한 장애물이 되기도 한다. 그러나 육신을 가진 물질계 속의 자아는 자신의 경계를 초월하고 진정한 정체성을 찾으려 한다. 그래서 체계적인 내적 작업에 들어가기 전에 에고의 죽음을 경험하는 것은 실제의 죽음이 아닌, 상징적 체험으로써 '영생'의 새로운 차원을 열어간다. **스타니슬라프 그로프(심리학자) 〈코스믹 게임〉, 정신세계사**

열받아 되는 일도 있다

물 끓이기

1. 주전자에 찬물을 붓는다.

2. 열을 가한다.

3. 물이 끓기 시작한다.

4. 주전자 뚜껑이 들썩인다.

5. 하얀 김이 모락모락~ 기체 되어 날아간다.

'과학'하면 어렵게 느껴지지만, 이처럼 심플한 것도 과학입니다. 다음은 기체에 대한 위키백과 '증언'의 일부입니다.

기체는 입자들이 서로 멀리 떨어져서 빠르게 움직이기 때문에 전해電解에 의한 인력引力이나 척력斥力 등 다른 입자들의 영향을 받지 않는다. 자유롭게 움직이는 입자들은 계속해서 다른 입자들과 충돌하지만 충돌에 따른 에너지 손실은 없다.
기체의 온도를 낮추면 입자들의 움직임이 느려지고, 서로 가깝게 있을 정도로 느리게 움직이는 입자들은 운동에너지보다 인력이 더 커지기 때문에 서로 엉기어 붙게 된다. 입자가 서로 결합하여 액체상태가 되면, 액화잠열液化潛熱이라는 열을 낸다.

위키백과 '기체 자랑' 중

기체는 자랑할 게 많습니다. 일단 다른 입자들의 영향을 받지 않습니다. 자유롭게 움직이는 입자들은 계속해서 다른 입자들과 충돌하지만 충돌에 따른 에너지 손실은 없습니다. 물론 일정양의 '고난'은 감수해야 합니다. 주전자 물이 기체가 되려면 어떻든 뜨거운 주전자 아래 '지옥 불'을 견뎌내야 할 테니까요.

제대로 열 받은 물은 기체가 되어 하늘 높이 오릅니다. 직전까지 열을 잔뜩 받은 물이 이 땅에서 저 하늘로 영역을 바꿉니다. 새로운 '차원'을 향한 자연법칙은 그래서 위대합니다. 체내 수분이 70% 이상이라는 인간은 '열 받는' 일만큼은 피하고 싶어 하지만, 드물게 '기체자랑'을 하는 분들도 있습니다.

조선 중기의 고승 사명대사(1544~1610). 그의 고드름 수염 일화는 언제 들어도 어깨가 으쓱여지는데요. 대사가 금강산에서 수도하던 1592년, 임진왜란이 일어나자 대사는 염주 대신 칼을 잡기로 합니다. 승병을 규합하여 평양성 탈환작전에 전공을 세운 다음, 1604년 여름 일본으로 건너가 당시 일본에 억류돼 있던 조선인 수천 명을 구출해냅니다.

왜병의 눈엣가시, 따라서 사명대사의 귀국길은 쉬울 수가 없었죠. 그들이 사명대사를 방에 가두고 장작불을 때 죽이려고 할 때, 한참 후 방문을 열던 왜병은 그만 넋이 나갑니다. 펄펄 끓는 구들방에서 고드름 수염을 달고 편안히 앉아있는 그를 보았기 때문입니다.

진짜야? 묻기 전에, 이 세상엔 열 받아 되는 일도 있습니다. 열 받은 물이 끓기 시작하면 주전자 뚜껑이 들썩입니다. 열을 더 가하면 방울방울 부딪치는 물의 요란함이 들려옵니다. 고난 앞에 하늘 문을 두드리는 소리일지도 모릅니다.

기체로 계보를 바꾼 H2O! 이제 그가 있는 곳은 뜨거운 주전자가 아닙니다. 기체의 자랑! 공간을 자유롭게 노닐다가 하늘 물 입자에 두둥실 무지개 하나를 걸어봅니다. 영혼과 몸이 빛으로 하나이듯, 하늘과 땅이 사랑으로 하나이듯.

콩알이 우주

검푸른 숲 사이로 달빛이 가득하다.

자전거를 탄 소년들이 달빛을 타고 하늘로 오르기 시작한다.

외계인 ET와 소년 엘리엇이 작별해야 할 시간.

잊을 수 없는 우정을 갖게 된 외계인 ET와 지구소년 엘리엇은 서로의 손가락을 마주하며 이별의 순간을 나눈다.

ET의 손가락 끝에선 빛이 뿜어져 나오고, 객석 사이로 ET의 이 한 마디가 들려온다.

난 바로 여기에 있을 거야. I'll be right here.

영화 ET 중에서

꿈과 희망이 된 역사 속 인물이 곁에 있다는 것은 행운입니다. 옛날 옛적, 그럼에도 지금 이 순간 바로 여기에 와 있는 한 위인. 바위에 앉아 해와 별과 달을 보며 우주로 넘어간 바보온달!
콩알 하나가 바위 위에 부서지고 깨지고 사라지던 날, 보름달은 현자 온달을 환히 비추었죠. 혜자가 된 온달, 그의 칼끝에서 능력의 빛이 진검승부를 가릅니다.

난 바로 여기에 있을 거야.

이야기 1.

당시 고구려는 안으로는 갑론을박하는 대신들 세력에, 밖으로는 북조가 고구려를 넘보며 공격을 멈추지 않으니 왕은 편할 날이 없었다. 아버지를 가까이에서 보고 자란 공주에겐 소원 하나가 있었다. 어떻게 하면 평화로워질까? 상대를 이기려면 그보다 강해야 하고, 이기고 나면 또 다른 전쟁이 기다린다.

산다 하나, 죽은 것과 다름없다. 이긴다 하나 모두가 지는 일이다. 공주는 바보온달을 찾아 나섰다. 어려서부터 들어온 온달이다. 그이라면 평강을 줄지도 몰라.

이야기 2.

평강平康, 평안하고 힘 있고! 평강은 사람의 머리를 써서 얻을 수 있는 게 아니다. 똑똑한 지식과 판단과 정쟁이 멈출 때 저절로 얻어지는 진검승부의 자리다. 이는 땅의 사람이 하늘마음과 연결될 가능한 것. 작은 콩알 하나도 우주만물 생명의 이치 속에 싹을 틔운다. 공주는 눈물 속에 길을 떠났다.

바보온달의 집. 그날도 평강공주는 여느 때처럼 눈먼 노모의 밥을 차려주고는 활 쏘러 나서는 온달을 따라나섰다. 멀리서 지켜보니 화살을 쏜다고 힘을 쏘는데, 번번이 과녁을 벗어난다. 공주는 생각했다. 자기 힘을 써서 상대를 위협하는 것은 소인배나 하는 짓이다. 보름달 뜨던 날, 공주는 콩알 하나를 남편에게 내밀며 말했다.

–신랑, 부탁이 있어요. 산 중턱에 큰 바위 하나가 있지요.

–있지.

–이 콩알을 바위 위에 놓고 반 쪼개 오세요.

공주의 손엔 커다란 도끼 하나가 쥐어져 있었다. 뉘엿뉘엿 날이 저물고, 그날 온달은 집에 오지 못했다. 다음날도 그 다음날도… 그렇게 반 년의 세월이 흘렀다. 그러던 어느 날 신바람 잔뜩 든 온달의 목소리가 들려왔다.

-색시야, 색시야. 콩알 반 쪽 여기 있다.

-아휴 착해라. 이 큰 도끼로 어떻게 콩알을 쪼갰지요?

-흐응, 아주 쉬웠어.

-쉽다니요?

-오늘 보니 콩알이 동전 만하더라고.

다시 둥근 달 뜨고, 공주는 또 남편을 불렀다.

-콩알을 반 쪼개 내게 갖다 주세요.

뉘엿뉘엿 날이 저물었지만 온달은 집에 오지 못했다. 다음날도 그 다음날도… 그렇게 한 달 지난 어느 날, 이번에도 온달의 들뜬 목소리가 들렸다.

-색시야, 색시야. 콩알 반 쪽 여기 있다.

-아휴 착해라. 콩알이 이번엔 얼마 만하게 보이던가요?

-으흠, 쟁반!

그 날도 온달은 색시가 쥐어준 콩알 하나를 들고 다시 산으로 올라갔다. 바보가 아니면 이 일을 어찌 할 수 있으리오. 이번에는 하루 만에 집에 왔다.

–색시야, 콩알 반 쪽 여기 있다.

–아휴 착해라. 콩알이 얼마 만하게 보이던가요?

–보름달!

그쯤에서 물러설 공주가 아니다. 다시 콩알 하나를 온달에게 쥐어주던 공주는 두 손으로 얼굴을 가렸다. 쏟아지는 눈물을 가눌 길 없었다. 다시 산을 향하는 온달의 모습이 안쓰럽다. 하지만 곧 돌아올 남편을 생각하니 가슴 벅차다. 산으로 올라간 온달, 이번에는 가자마자 돌아왔다.

–색시야, 콩알 반 쪽 여기 있다.

–아휴 착해라. 이 작은 콩알이 얼마 만하게 보이던가요?

–우주!

자기(자기생각)가 사라지면 우주가 보인다. 이치를 깨달은 자, 온달은 최고의 장수가 되어있었다. 원전엔 '우온달'이라고 적혀 있는데, 여기서 '우愚'는 바보현자의 다른 말이다.

자기생각을 벗어난 자, 자기가 없는 자, 고난 속에 재의 지점을 거친 자, 우주만물의 이치를 깨달은 자. 평강공주는 평강이 그리워 '우온달'을 찾았고, 온달은 자기가 버려짐으로써 드러나는 진리에 힘입어 능력자 '우+온달'이 되었다.

국보거나 보물이거나

깨진 인생 툴툴대다가 이런 말을 들었다.

항아리 속에 횃불이 들어있대.

밤새 쿨쿨 자다가 이런 뉴스를 들었다.

그 항아리 속에 한글이 들어있대.

2021년 가을, ㅱ, ㆆ, ㆅ … 등 요즘은 쓰지 않는 한글자음을 포함한 조선 전기 금속활자가 서울의 공평동 땅 속 항아리에서 나왔다는 것입니다. 오래된 쇠붙이로 알았는데 세월의 먼지를 벗겨보니 한글이었던 거죠. 출토된 활자는 1,600여 점. 15세기 제작된 것으로 보이며, 일부는 세종 때일 가능성도 있다고 합니다. 국보 보물급 유물을 담고 오백년 역사를 거슬러온 항아리가 궁금해집니다.

독 사려, 독을 사시오!

어릴 때만 해도 '도붓장수'라 불리는 독장수들이 항아리를 지게에 지고 마을 이곳저곳을 옮겨 다니는 풍경이 낯설지 않았죠. 김칫독 외에 쌀이나 물 술 소금 장류 젓갈 등을 담는 독의 종류도 다양했습니다.
출토지인 공평동 유적현장은 광화문 안길 피맛골 끝자락이죠 도붓장수들은 광화문 앞 육조 행정과 V자로 펼쳐진 동대문 남대문 시전市廛을 오가는 양반과 상인간의 주요 운송책 역할을 했음을 짐작할 수 있습니다.
그 항아리 안에 세종대왕 때 주조된 것으로 추정되는 한글이 발견된 것입니다.
항아리가 열리자 세상은 환호했습니다.

국보거나 보물이거나!

이 외침은 우리 인간내면의 진리세계에 눈을 뜨게 하며, 깨진 인생 툴툴대는 사람들에게 이렇게 희망을 전합니다.

그대들 안에, 항아리 속에 횃불이 들어있다네!

우리나라의 말이 중국과 달라 한자와 서로 통하지 않으므로 이런 까닭에 어리석은 백성이 이르고자 하는 바가 있어도 마침내 그 뜻을 능히 펴지 못하는 사람이 많다. 내가 이를 불쌍히 여겨 새로 스물여덟 글자를 만들었으니, 사람마다 하여금 쉽게 익혀 날로 씀에 편하게 하고자 할 따름이니라.

훈민정음 언해, 서문

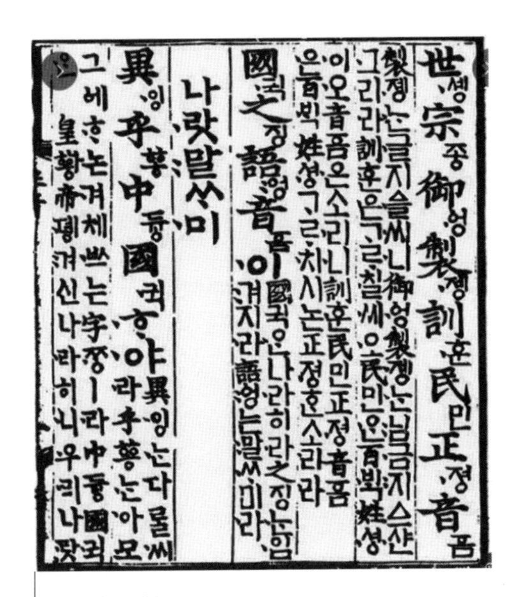
世宗御製訓民正音

國之語音이

나랏말ᄊᆞ미

異乎中國ᄒᆞ야

훈민정음 언해본

그들은 왜 '광화문'으로 가는가

푸른 하늘을 제압하는
노고지리가 자유로웠다고 부러워하던
어느 시인의 말은 수정되어야 한다
자유를 위해서 비상하여본 일이 있는
사람이면 알지
노고지리가 무엇을 보고 노래하는가를
어째서 자유에는 피의 냄새가 섞여 있는가를
혁명은 왜 고독한 것인가를
혁명은 왜 고독해야 하는 것인가를

김수영 시, 푸른 하늘을, 1960

"사람들은 왜 광화문으로 모이는 걸까?"
"청와대가 가까워서인가?"
"터가 세서 그런 거 아니야?"

광화문은 경복궁의 정문입니다. 경복궁은 조선건국 3년만인 1395년 지어졌습니다. 인왕산과 북악산이 병풍을 두르듯 궁을 감쌉니다. 역사의 그날, 이성계는 한 잔 술에 기분이 들떠 삼봉 정도전에게 묻습니다.

궁 이름을 무어라 하면 좋을꼬?

역시 학승 삼봉이죠. 〈시경〉의 '주아周雅'편 한 구절을 읊습니다.

'경복景福'이라 함이 어떨지요.

*해, 빛, 환히 밝을… 경*景

*복을 내릴… 복*福

경복궁, 조선의 임금이 사는 정궁이죠. 경복궁은 조선의 법궁法宮으로 남쪽에 정문을 두었는데, 처음엔 오문午門(현재의 홍례문)이 정문 구실을 하였다가 세종 8년(1426) '광화문光化門'으로 이름을 고칩니다. 빛은 덕이고 덕은 복으로 드러나는 법. '경복'의 덕으로 '광화' 곧 임금의 큰 덕이 온 나라에 두루 비추어 만백성이 밝아지기를 바란다는 왕의 염원을 담은 것이죠.

궁을 지으려면 지켜야 할 원칙이 있습니다. 먼저는 배산임수背山臨水, 산을 등지고 물을 마주보는 형세를 말하죠. 앞으로는 한강을, 뒤로는 북악산을 두고, 그 다음 '전조후시前朝後市'의 원칙입니다. 궁의 전면에 조정을, 후면에 시장을 배치하는 도성축조방식입니다.

전조前朝, 즉 광화문 앞에 육조가 배치되는데 관리인사권의 이조, 세금과 예산 담당 호조, 나라행사 및 과거시험을 관장하는 예조, 국방과 병사에 관한 병조, 범죄와 법률을 위한 형조, 토목공사나 공업에 관한 일을 맡은 공조가 들어섭니다. 광화문거리를 따라 '종합청사'가 들어선 격이죠.

다음은 후시後市. 궁 뒤쪽으로 시전(장터)를 두어야 하는데, 보아하니 북악산이 바짝 붙어 있습니다. 하지만 궁의 뒤통수에 장을 풀 순 없는 일. '배산'을 찾아 산을 빙빙 돌던 사람들은 다시 광화문을 만났습니다. 그들은 결국 육조거리를 지나 장터봇짐을 풀고는 육의전을 비롯한 많은 점포들을 세우기에 이릅니다.

광화문에 배치된 양반들은 말을 타고 느긋이, 졸지에 전조 가까이 오게 된 상인들은 빠른 걸음으로 거리를 오갑니다. 사람들은 이 거리를 '운종가雲從街'라 불렀죠. 지금의 종로인 운종가엔 이름처럼 많은 사람이 구름같이 모여들었습니다. 입장 다른 사람들이 서로 오가기는 오늘날에도 별반 다르지 않은.
광화문역과 종각역 사이쯤 골목이름도 이 같은 역사를 배경에 깔고 이름하나를 만들어냅니다. 피맛골! 종로를 지나는 고관들의 말을 피해 서민들이 안쪽으로 피마避馬의 길을 내면서 붙여진 이름이죠.

저만치서 말발굽 소리가 들리면 평민들은 황급히 길 안쪽으로 몸을 숨깁니다. 누군가 숨죽여 말합니다.

–정이품이요….

굉장한 벼슬입니다. 아는 척 하기엔 모르는 게 낫고 모른척하기엔 이들이 알아야 할 게 있습니다. 나라님은 가마나 말을 타고 행차하는데, 저만치서 말의 거들먹거리는 소리가 들려오면 사람들은 중얼댑니다. 이번 행차는 오래 걸릴 거요. 임금님 납신다잖아.
사람들은 무릎을 꿇고 머리를 땅바닥에 둡니다. 흉배 도포자락이 수시로 휘날리며 위세를 하니 광화문 가는 길이 그만 고생입니다.

–우리 따로 길을 내어 다닙시다.

사람들은 약속이라도 한 듯 고개를 끄덕입니다. 길이 따로 있는 게 아니거늘, 사람이 걸으면 길이 되고. 길이 생기면 사람들이 드나듭니다. 골목길에 피신하여 고관양반들이 지나가기를 기다립니다. 시전에서 요기도 해가면서.

‘피마’의 좁다란 골목길. 엎드려 있지 않아도 되고, 고개를 들면 빈틈 새로 하늘을 오가는 하얀 구름이 보입니다. 그렇다고 해서 역사가 청청해지는 것은 아니죠. 피마의 길마저 막던 아픈 시절을 다시 기억하는 이유는 잊어야 할 아픔을 진정 잊기 위해서입니다.

길은 역사를 만들고, 역사는 다시 사람에게로 다가갑니다. 과거를 묻고 오늘을 써가며… 내일을 꿈꿉니다.

신神이 어디 있어요

가을비 내리던 날 한 카페.

두 젊은이는 몹시 혼돈스러워하고 있었다.

-어렵게 따놓은 자격증들이 다 쓸모없어져버릴 것 같아.

-결국 인공지능이 이긴다는 건가?

-그래서 우울하지.

-그래도 우리에겐 희망이 있잖은가.

-뭐지?

-AI가 결코 못해내는…. 사랑이지, 질 줄 아는!

'질 줄 안다는 것'은 자기감정(칠정七情)으로부터 해방되는 자유를 의미하죠. 다음은 '칠정'의 풀이입니다.

칠정

희(喜, 기뻐하는 것)- 노(怒, 성내는 것)-우(憂, 우울해 하는 것)-사(思, 근심하는 것)-비(悲, 슬퍼하는 것)-경(驚, 놀라는 것)-공(恐, 겁내는 것)

스위스의 정신의학자이자 분석심리학자인 융Gustav Jung (1875-1961)은 말합니다. 인간은 누구나 모든 곳에서의 동시성으로 존재하는 우주적 의식을 깨달아 최고의 능력자가 될 수 있는 선험적 원형을 갖고 태어난다!

신神은 수염 난 사람이 아닌… 모든 형태의 의식을 포함하는 모든 곳에서의 동시성으로 존재하는 우주적 의식이다.

그렇다면 과학은 신을 어떻게 증명할까? 이 물음 전에 과학은 어떤 학문일까 생각해봅니다. 이 시대는 과학이 증명해낼 때 진실이라고 믿으므로. 역사학은 역사를, 정치학은 정치를, 고고학은 옛것을, 식품학은 식품을, 심리학은 심리를 연구하는 학문이죠. 그렇다면 과학은?
앞의 예처럼, 과학의 앞 글자 '과'의 의미를 알면 학문의 임무나 '행동'을 간단히 알아낼 수 있지 않을까? 우선 사전은 과학에 대해 뭐라 설명할까?

과학科學

실험과 같이 검증된 방법으로 얻어 낸 자연계에 관한 체계적 지식체계

지식백과엔 태양계 넓은 우주 소행성 에너지원 원소주기율표 기후변화 인공지능 등 과학의 범주 안에 든 수많은 용어들이 민들레꽃처럼 퍼져 나갑니다. 하지만 용어풀이가 의미를 캐내기란 대개 어렵습니다. 여전히 남는 의문, 과科란 무엇을 의미하는 글자일까?

과科, Science

과목, 품등, 그루(초목을 세는 단위)

우선 과학의 앞 글자 '과科'를 보겠습니다.

(한자를 살피는 이유는 사물의 물리적인 모양을 본떠 만든 상형문자이기 때문입니다. 정확성이 떨어질 순 있지만, 단어의 근거를 제시하는 데는 '족집게 강사'가 되어줄 때가 많습니다. 비좁은 단어 안엔 넓은 의미세계가 압축되어 있죠. 문명이 고도화되면서 단어 수나 추상적 개념이 늘어나면서 결국 표어문자나 표음문자가 대세가 되었습니다. 한글도 표음表音문자입니다)

과학科學

과科

화禾+두斗를 연구하는 학문

화禾는 벼를 뜻합니다. 여기에 용량을 재는 '말 두斗'가 뒤따라 과科가 되었습니다. 벼는 쌀 곡식을 뜻하고, 말은 곡식을 담아 양을 헤아리는 용기를 말합니다. 벼 화禾는 곡식이 익어 고개를 숙이는 모습을 나타낸 상형글자죠. 부수로 쓰일 때는 곡식의 종류나 등급 등 벼의 품종이나 등급을 뜻합니다.

과거엔 벼를 세금으로 냈기 때문에 화禾는 돈이나 세금의 의미로, 바가지를 형상화한 두斗는 술이나 곡식 등 용량을 재는 단위로 쓰였습니다. 오늘날엔 품종검사나 등급 계량 등 분류나 종류 기능을 더하면서 학문의 대세가 되었습니다. 그렇다면 곡식과 용기를 합해 만든 '과'는 무엇을 연구하는 학문일까?

‘사이언스science’ 역시 계량이나 분석의 의미를 갖고 출발했다. 라틴어 ‘scientia’에서 파생된 사이언스 ‘science’는 ‘사이sci’ 즉 ‘자르다’ ‘파고들다’ ‘분리해내다’의 뜻을 갖는다. 예를 들어 통나무에 사람이 타기 위해선 밑동을 잘라내고 홈을 파내는 ‘sci_’의 작업이 앞서야한다. 자르고 쪼개는 가위scissors도, 배ship도 자르고 파내고 분리하는 ‘sci_’를 달고 단어가 만들어졌다.

계량과 분류를 뜻하는 ‘과科’ 또는 ‘sci…는 오늘날의 AI시대를 맞아 더욱 탄력을 받고 있습니다. 꿈인 듯 현실인 듯, 인공지능과 가상현실이 펼쳐내는 공간 역시 여전히 ‘벼 화변에 말 두’를 앞장세워 파워를 일으켜갑니다. 인공지능의 딥 러닝Deep Learning 역시 엄청난 양의 빅 데이터가 기반입니다. 과학이 수집-분류-분석-저장을 가능하게 했기 때문이죠. 하지만 이러한 벼 화변에 말 두인 ‘과科’를 인정하려면 먼저 이 땅에 벼와 콩이 ‘창조’되었음을 인정하지 않으면 안 된다는 모순에 부닥칩니다. 창조를 용량으로 계량화할 수 있을까? 공기를 성분으로 말할 수 있을지는 몰라도, 생명의 탄생 그 본질을 수집하여 분석하고 계량화하는 일이 가능할까. 그렇다면 신은?

이 일은 출발부터 혼란에 빠져들게 하는데… 신이 이해될 때 믿겠다고 한다면, 신이 있음을 이미 인정하는 '계량'의 모순에 부닥치고 말 것이기 때문입니다. 단언컨대 영장인 사람이 이 세상에 와서 할 일은 신을 계량하는 것이 아니라, 자신이 아름다운 정신의 소유자 '영장靈長'임을 깨우치는 일입니다.

결국 성서가 우리에게 말하는 것은 무엇인가? 그렇다. 성서는 자연을 신으로 섬기던 인간들을 불러내 예수를 모범삼아 스스로 신이 되라고 말한다. 하지만 인간의 자연적 본능은 여전히 종교적인 신을 만들어내거나 추종하려고 한다.

어떤 이들은 이런 자들 가운에서 “나는 신이다”라고 선언하며 그들을 지배한다. 이것이야말로 신성모독이다. 성서가 말하는 ‘신성’은 이와는 완전히 다른 것이다. 인간으로서 예수가 보여준 것과 같은 신성을 발휘하려면, 자연에서 신성을 벗겨낼 뿐만 아니라, 인간의 본성에서 자연성을 벗겨내고 그것에 저항해야 한다.

번식용과 혐오를 넘어서는 사랑, 차별과 배제가 아닌 포용과 연대, 착취와 탈취가 아닌 가치의 창조와 나눔을 추구해야 한다. 자연의 속박에 고통스러워하는 많은 이들을 해방시키고, 우리의 후손에게 더 공정하고 진보된 세상을 물려주며, 인류가 오래도록 생존하고 번성하도록 해야 한다.

최정균(유전학자, KAIST 뇌공학과 교수). 〈유전자 지배사회〉 238쪽, 2024

3부

링의 법칙

상은 빛으로부터

지혜까지는 몰라도 보이는 것, 곧 눈에 관해서 만큼은 자기를 따를 자가 없다는 한 사물이 있으니, 카메라다. 렌즈 눈을 통해 수많은 픽셀pixe을 점점이 찍으며 만물만상을 담아낸다.

'카메라camera'는 방房, '옵스큐라obscura'는 반대 또는 방향을 뜻하는 'ob'에 스카이sky의 고어인 '스큐라scura'가 합해져 만들어진 단어다. 곧 '하늘과 반대되는 방' 또는 '깜깜한 방'이란 뜻을 갖는다.

카메라 상자 한 면에 바늘구멍이 있습니다. 카메라 눈인 렌즈는 구멍으로부터 들어온 빛을 받아 상을 찍어갑니다. 필름은 빛에 감응하여 화학적 변화를 일으키는 감광물질이죠. 빛을 상으로 프린팅하는 역할을 합니다.
구조로 본다면 사람의 눈도 카메라와 별반 다를 바 없어 보이는데요. 사람의 눈도 빛이 있어야 사물을 보고 파악할 수 있습니다. 캄캄한 곳에선 금덩이가 굴러가도 볼 재간이 없습니다. 우리 눈은 물체에 반사된 빛이 수정체를 통해 망막에 맺히며 시신경을 자극하면서, 이를 뇌가 인식하는 구조로 되어 있기 때문입니다.
또 다른 빛의 세계가 있습니다. 제3의 눈으로 불리든 영성, 영혼, 심미안, 순수지성, 양심, 정신 등으로 불리는 마음의 세계죠. 문명양식에 따라 용어가 다양하지만, 어쨌든 영장인 인간에겐 감성감각 경험을 초월한 선험적 순수이성의 지대, 즉 감성이나 지성 등의 작용 이전의 사유능력이 중요시되어 왔습니다.

개기일식 장면 달이 지구와 태양 사이를 지나면서 태양 전체를 가리는 현상.

진리는 전체다. **헤겔(철학자 1770-1831)**

무엇을 안다는 것은 마음영역의 주어가 바뀌는 것을 의미합니다. '알다'라는 말에서 아름다움이 파생된 것만 보더라도 '알다'라는 것이 인간에게 얼마나 중요한 덕목인지를 알 수 있습니다.

알음답다…앎+답다… 아름답다!

'알음'은 '안다'의 원형인 '알다'의 명사형. 여기에 접근어 '~답다'라는… 성질이나 특성이 있음의 뜻을 더하는 접미사가 붙어 형용사가 되었습니다. 그렇다면 '알다' '안다'라는 말은 대체 어디에 접근해간다는 것일까?

'안다'는 것은 '발견하다'와 맞물려 있습니다. 디스커버리dis+cover, 즉 닫혔던 뚜껑(커버)이 사라지며(열리며) 하늘이 보이는 거죠. 인간이 쌓아온 수많은 경험과 지식 이전에 내재된 순수이성, 영혼, 내면의 세계에 접근하는 새로운 공간(순수원형, 진리)의 눈뜸! 이제까지의 나를 벗어나 진리로부터 발견되는 전체의지로서 자기존재를 알아가는… 진리는 전체입니다.

링Ring의 법칙
마음좌표 X챌린지

'링의 법칙'은… 해를 가린 달처럼, 진리를 가린 인간이 어떻게 자연의 질서를 깨달아 인간 존엄의 자유를 마음껏 누리고 나눌 수 있을까 하는 심상이미지훈련의 하나입니다.

생각하는 대로 살지 않으면… 사는 대로 생각하게 된다,

프랑스 소설가 폴부르제(1852-1935)

링의 법칙은 가짜 나를 벗고 '진짜마음' 세계로 넘어가는 마음탐사과정이라고 말할 수 있습니다. 해를 가린 달이 빛의 세상을 드러내듯. 개체에서 전체로, 가짜에서 진짜의 세계로 진입하는 후 엠 아이 해법 찾기. 진짜와 가짜 마음영역 뛰어넘기! 링의 법칙을 시작합니다.

심상훈련을 위한 '스트레스 스크린'

마음좌표 모형 만들기

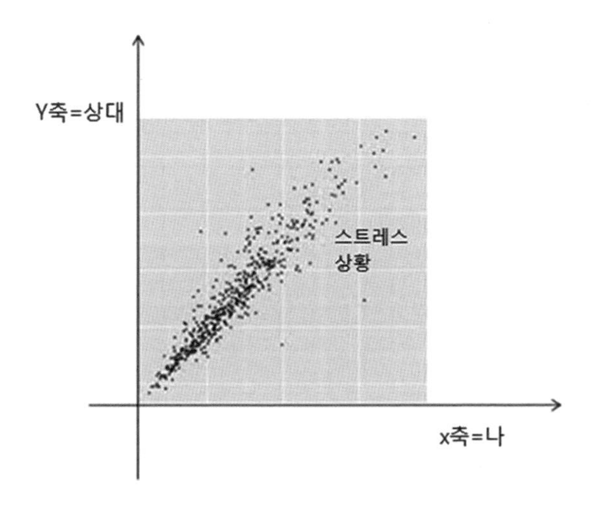

X축…스트레스 받는, 가로선의 '나'

Y축…스트레스 주는, 세로선의 '너'

X~Y축…스트레스 스크린(스트레스상황)

링의 법칙은 X와 Y, 다시 말해 '나와 너' 두 개 축을 마음에 스크린을 세우는 것으로 심상이미지로부터 시작합니다. Y축 상대에게 향해 있던 시선을 옮겨 X축의 나를 응시하는 조명의 과정입니다. 조명照明이란 '밝게 비춘다, 어떤 대상을 일정한 관점으로 바라본다'라는 뜻이죠. 시선 바꾸기! 링의 법칙은 X축, 그러니까 나에게 집중하는 시간입니다.

나 (바라)봄!
억울해하고 절망하고 집착하는 나를 바라보고 조명하고 관찰한다.

시선을 바꾸는 것만으로도 마음의 변화가 저절로 일어나다니! 매직이 아닐 수 없습니다. 예를 들어 화가 날 때 상대방에 대해 좋지 않은 감정이 솟구치는데요. 네가 그럴 수가 있어…하며 따지고 들던 시선을 나에게로 옮기는 것만으로도 상대에게 매여 있던 삶에서 점차 벗어나게 합니다.

01.
나 응시하고 관찰하기

편안한 자세로 앉아 눈을 감고 두세 번 깊은 호흡을 하여 심신을 이완시킨 후 스트레스 장면을 떠올린다. 상대가 보이면 무시하고, 가로축에 X, 곧 나를 세워 나에게로 시선을 이동한다.

묵상 명상의 자세로 X축의 나에게 집중한다. 스트레스에 집착하는 나, 분노하는 나, 괴로워하는 나, 두려워하는 나, 절망하는 내가 있다. 상대에 매여(의지하며) 살아가는 내 모습이 보인다. 사람과 형편에 얼키설키 붙들려 있다.. 그런 나를 계속 응시한다. 3~5분간 실행, 쉬었다가 다시 반복한다.

02.

인정하고 벗어나기

우리는 스스로 살아가는 것 같지만. 실제로는 관계로 서로 연결되어 서로를 비추며 의지하고 살아가는 존재다. 이 전체의 관계망을 개체의식 곧 '내 것'이라고 여긴다. 많은 오해와 나쁜 감정에 휘둘리게 되는 이유다.
X축의 나를 주시하는 과정은 두 가지 면에서 삼상의 변화를 가져온다.
하나는 상대에서 나에게로 시선을 옮기면서 상대가 사라지는 효과가 나타난다.
또 하나는 나 자신의 모습을 바라봄으로써 남 탓을 먼저하며, 이리저리 끌려 다니는 자신의 상황이, 무익함이 보인다는 것. 진짜현실과 가까워진다는 것은 성실과 책임의식이 높아짐을 의미한다.

03.
새롭게 시작하기

그런 자신으로부터 벗어나는 새로운 나를 그려본다. 가짜 나를 넘어서 진짜 나를 알아차리는 것, 이것이 우리가 이 세상에 온 미션이며 존재이유다. 이 깨달음은 나를 관찰하는 과정을 통해 더욱 깊어지고 높아지고 확장되어간다.

나를 가렸던 것은 개체의 나, 나의 욕심. 그것이 가짜소유임이 깨달아지면 가짜인 나는 사라지고 본래부터의 '앎'이 우주 전체를 밝히는 지혜가 되어 나를 품는다. 이제까지의 나로부터 떨어져 온 누리 자연 하늘시선으로 발견되는 새로운 세상이 보이기 시작한다.

거짓 나, 가짜 나의 축이 사라지면 어둠의 그림자들이 하나씩 둘씩 사라지며 근심 욕심 수군수군 두려움, 죽음마저 가유의 세계임을 깨닫게 된다. 내면의 빛, 하늘시선 충만한!

링의 마음작동 원리 1

감정의 경계선을 활용하라

유튜브에 타이틀 하나가 떠오릅니다.

슬기롭게 화내는 법!

이게 가능한 일인가? 화를 다스리는 법, 인지심리학자 김경일 교수의 강의는 계속 이어집니다.

화를 어떻게 막나요? 분노, 폭언, 그 낭비를 어떻게 막을 수 있나요? 방법은 간단합니다. 마음에 '경계선'을 만드는 겁니다.

일단 불난 장소를 피하기만 해도 자기감정을 화에 전염시키지 않고 경계선 밖으로 나오게 된다는 거죠. 빙고! 여기서 '경계선 만들기'란 자신이 현재 처한 장소에서 심리적으로 멀어지는 것을 의미합니다.

두 다리를 사용해서라도 화가 난 장소에서 도망칠 때 그 감정에서 벗어날 수가 있죠.

화나는 장소에서 최대한 빨리 벗어나라는데, 이때 화의 장소와 나를 구분하는 경계선이 중요하다는 거죠.

3분만이라도 뛰어서 도망치세요. 그러면 우리의 뇌는 적극적으로 피했다면서 이런 생각을 하게 됩니다. 지금 나는 왜 화가 나 있지?

화火는 글자 그대로 불이 치솟는 모양을 하고 있습니다. 화를 위로 한 층 더 올리면 '염증을 일으키다'의 '염炎'자가 되고, 불을 아래로 내리면 '없을 무無'가 됩니다. 상대는 Y축에 있고, 불은 위로 길을 내며 타오릅니다. 불길은 화火에서 염炎으로 번지는데, 정작 그 피해를 입는 건 바로 자기 자신입니다.
링의 마음좌표는 화의 축을 Y에서 X로, 위에서 아래로 내리는 관상 또는 묵상의 반복 조명을 통해 화火가 무無로 디폴트되는 마음영역의 변화, 즉 메타노이아가 어떻게 이루어지는지를 경험하게 합니다.

메타노이아metanoia

자기초월, 생각과 마음의 변화를 뜻함.

'넘어서다, 초월하다'는 뜻의 그리스어 '메타meta'와 마음이라는 '노이아noia'를 합해 회심回心의 뜻을 갖게 되었습니다. 자기반성을 통해 패러다임의 대전환이 일어나는 거죠. 자기 자신을 돌이켜 성찰하는 시간, 이런 고백이 터집니다.

인생을 이렇게 살면 안 되는구나… 내 방식대로 살아왔구나.

이 같은 마음의 돌이킴은 새로운 시선으로, 삶의 변화로 이어집니다. 문제는 메타노이아의 단계가 인간의 자유의지를 통해 이루어지므로 억지를 쓰고 애를 쓴다고 되는 일이 아니라는 거죠. 어떤 이에겐 확실하게, 다른 어떤 이에겐 환상이나 그림자처럼 막연하게 느껴지는 성찰의 시간, 확실한 실행키워드는 없을까?

'디폴트'는 일반적으로 '파산'이라는 뜻을 갖고 있습니다. 컴퓨터용어로는 초기화되어 얻어지는 제로상태일 때 설정되는 '기본 값'을 나타내는 용어입니다. 심사가 그만 복잡해집니다. 자유의지는 무엇이고… 디폴트 기본 값은 뭐지?

자유의지라는 것은 자유로운 선택이 아니라 자유를 선택하는 것이다.

성 안셀름Anselmus (1033-1109)

자기에 대한 믿음이 깨지는 거죠. '믿음은 들음에서 나고…'라는 말을 신앙인의 자세처럼 말하기도 하지만, 의문이 듭니다. 과연 가르침을 많이 듣는다고 믿음이 생길까? 그럴 수도 있겠지만, 그렇지 않을 수 있습니다. 말씀을 믿기 전 분명한 '규칙' 하나가 있으니, 자기를 부인하지 않고는 성자 예수를 따를 수 없다는 것입니다.

예수께서 돌이키사 제자들을 보시며 베드로를 꾸짖어 이르시되 사탄아 내 뒤로 물러가라 네가 하나님의 일을 생각하지 아니하고 도리어 사람의 일을 생각하는도다 하시고 무리와 제자들을 불러 이르시되 누구든지 나를 따라오려거든 자기를 부인하고 자기 십자가를 지고 나를 따를 것이니라 **마가복음 8:33-34**

디폴트의 여정은 선과 악을 내세워 좌지우지하던 내가 삭제(초기화과정)되고, 재cinder 곧 메타노이아를 통과하며 가짜 나를 벗고 진짜 나의 세계로 진입하게 됨을 의미합니다.
나에게로 시선을 돌리는 '링의 법칙'은 X좌표로 마음의 축을 이동하며 무지한 나를 발견하고 벗어나는 회심의 과정으로써 가치를 갖습니다. 더 이상 나를 믿을 수 없는 삶의 어느 지점에 서게 합니다. 마침내 이 고백이 터집니다.

무지했습니다, 진리를 가리고 살아 왔습니다,

자기반성과 회개를 통해 디폴트 사건, 곧 자기라는 질그릇이 깨지는 순간이 찾아온다면, 그야말로 대박사건인 것이죠. 자기라는 쪽박을 깨지며 진리의 빛이 나를 채워간다는 것은 상상만으로도 즐겁습니다.

매장과 파종

생의 한 때에 자신이 캄캄한 암흑 속에 매장되었다고 느끼는 순간이 있다.

어둠 속을 전력질주해도 빛이 보이지 않을 때가…

그러나 사실 그때 우리는 어둠의 층에 매장된 것이 아니라 파종된 것이다.

좋은지 나쁜지 누가 아는가, 류시화

파종

곡식이나 채소 따위를 키우기 위하여 논밭에 씨를 뿌리는 것

매장

시체나 유골 따위를 땅속에 묻는 것

사전적 의미만 보더라도 매종과 파종은 전혀 다른 세계입니다. 파종은 씨앗을 땅에 뿌리는 일. 씨앗은 뒤집힌 땅 속 어둠에 뿌리를 박고 초록의 싹을 내밉니다. 작지만 큰, 새로운 시작! 그 희망을 본 시인은 다음의 메시지를 남겨놓습니다.

세상이 자신을 매장시킨다고 생각할 수 있지만, 그것을 파종으로 바꾸는 것은 우리 자신이다. 매장이 아닌 파종을 받아들인다면 불행은 이야기의 끝이 아니다.

겨우내 언 땅에 봄비 내리면 농부는 당 뒤집기를 시작합니다. 땅이 씨앗을 받기 위해선 반드시 필요한 과정이죠.

쟁기

논밭을 가는 데 쓰이는 농기구. 토양을 갈아엎어 잡초를 제거하거나 파종을 쉽게 한다.

뒤집힌 땅, 보드라운 흙이 올라옵니다. 이번엔 땅속으로 씨앗이 들어갈 차례입니다. 어둠에 씨앗이 갇히면, 땅은 또 다른 농부를 기다립니다. 햇빛과 단비를 뿌려줄 하늘주인공이죠.

빛과 물을 만나 자기형체를 잃어가는 씨앗은, 압니다. 자기를 잃고서야 새 생명으로 움튼다는 사실을 말이죠. 봄날에 나무들이 성장을 시작하듯 자신을 집중하여 바라보는 '나 바라봄'은 비전을 향해 뻗어가는 자연 너머의 시간이며, 대우주의 나를 돌아보는 거듭남의 과정이기도 합니다. 그러므로 봄은, 창조세계를 열어가는 비전vision의 출발점으로서 위대합니다.

어느 봄날 왕은 명했다. 백성 모두에게 꽃씨 하나씩을 주겠다는 것이다. 이듬 해 봄 가장 예쁘게 꽃을 피운 사람에겐 큰 상을 내리겠다는 약속도 했다.
씨앗을 받은 사람들은 집집이 꽃씨를 심고 화초를 가꾸는 데 정성을 쏟았다. 한데 이게 어찌된 일인가? 갖은 치성을 드려도 화분에선 싹 나올 기미가 전혀 안 보인다.
해가 바뀌고, 봄이 왔다. 어느덧 궁에 들어갈 때가 된 것이다. 사람들의 발걸음이 바빠졌다. 손엔 예쁜 꽃이 활짝 피어 있었다. 사방이 꽃향기로 가득했다.

–보소서. 얼마나 예쁜 꽃이 피었는가를…

신하들이 임금 앞에 화분을 늘어놓았지만 임금은 꽃을 본체만체할 뿐이었다. 날이 어둑어둑해지고, 임금의 얼굴은 어두워지는 저녁만큼이나 그늘졌다.

그때 어디선가 흐느끼는 울음소리가 들렸다. 임금의 눈에 울고 있는 한 소녀의 모습이 들어왔다. 그녀는 빈 화분을 들고 파르르 떨고 있었다.

-잘 기우려 했으나 아무 것도 얻을 수 없었습니다. 죽어 마땅합니다.

소녀는 울며 말했다. 임금은 그제야 활짝 웃음을 터트렸다. 임금이 정말 기다렸던 것은 빈 화분. 백성들이 받아간 꽃씨는 싹을 틔울 수 없는 볶은 씨였다. 소녀 어깨 너머로 왕의 명이 들려왔다.

-그대를 공주로 삼겠노라.

링의 마음작동 원리 2
진짜가 나타나면 가짜는 사라진다

공간의 무한증식을 보여주고 있는 작품. 미장아빔mise en abyme은 한 작품 안에 또 하나의 작품을 집어넣는 예술적 기법으로, 그림 속에 그림이 무한히 펼쳐진다.

관객이 작품 사이에 서면 공간이 양방향으로 무한히 확장되는 구조처럼 보인다. 한쪽으로 비켜서서 작품 안을 자세히 들여다보면 무한증식의 벽 속에 또 다른 무한의 벽이 반사되며 새로운 미장아빔을 만들어낸다.

이불, 백남준아트센터

거울 두 개를 마주 놓으면 거울 속에 거울이 비치면서 하나의 상을 무수히 만들어가는 것을 볼 수 있습니다. 우리의 눈은 빛에 반사된 상을 다시 읽는 구조로 되어있으므로, 애초에 미장아빔 세상을 살아가야하는 운명인지도 모릅니다.

그림 속 그림에 또 다시 그림을 그려가고 더 많이 손에 넣으려는 이상한 나라… 나입니다. 타인의 시선에 의지하며 살아가려고 하는 만큼 세상 삶은 치열해집니다. 많이 버는 만큼, 높임을 받는 만큼 스스로 성공적인 삶이라고 믿습니다. 거울에 복사된 나를 자기존재로 믿으며 욕구를 멈추지 않습니다. 내가 나를 보면 열심히 사는 인생이라고 여길 수 있으나, 남이 나를 보면 탐욕스럽고 비열하다고 비켜갈지도 몰라.

하지만 이 세상을 사는 누구에게나 365일 어느 하루, 거울이 깨지는 날이 옵니다. 고난이든 상처든, 죽음이 되었든… 거울이 깨지는 그날이 오기까지, 진리의 빛은 어느 누구든 둘 중 하나를 보게 할 것입니다. 깨진 거울에 갇혀 죽음을 맞이하는 무지한 나거나, 깨진 거울 틈으로 들어오는 빛을 보며 진정한 나를 깨닫는 지혜자 모습이거나.

염색체染色體

염색체chromosome는 색깔color이라는 뜻의 그리스어 크로마chroma에 몸을 의미하는 소마soma가 합하여 만들어졌다. 염색체 내 유전물질 DNA가 있다.

세상의 지식백과엔 수많은 염색체 정보들이 넘쳐납니다. 단어 접근이 쉽지 않습니다. 좀 더 쉬운 방법은 없을까? 신데렐라 이름에 '재cinder'를 박아놓았듯이 '염색체' 역시 간단하지만 정확히 그 의미를 단어에 새겨 놓았습니다.

염색染色+체體

염색! 일상에서 흔히 쓰이는 말이다 보니 무심히 지나쳐버립니다. 글자로 따지면 염색체란 '염색된 몸'이란 뜻을 갖고 있습니다. 염색하다, '염색 옷 등등 '염색'라는 용어가 인간의 탄생암호에 쓰이고 있는 겁니다. 의미가 맞든 안 맞든, 우리 인간은 염색체 안에 생년월일 즉, 자기 원년元年을 새기게 되었습니다. 자기 눈으로 세상을 찍으며 어둠의 방 카메라 인생에 시동을 걸게 된 사연입니다.

그렇다면, 나는 누구인가?

한 마디로 진리를 깨닫기 전까진 우주 뜻을 가린(훔친) '도둑'이었던 것입니다. 하지만 진짜가 나타나면 가짜는 사라지게 되는 것이 자연의 이치죠. 그동안 주인 행세를 해온 가짜마음은 진짜주인이 나타나는 순간 도망칩니다. 가짜 헛것이니까… 진리를 떠나 남의 집에서 살다가 들켜버린 겁니다.

링의 마음작동 원리 3

글쓰기는 '진짜'를 향한다

만약 지금 혼돈과 두려움의 '카오스chaos' 시간을 지나고 있다면 노트 한 권을 준비하고 글쓰기를 권한다. 링의 원리 마음좌표 X축 나의 심상변화를 기록해간다.
X좌표 나를 주시하면서 '나를 바라봄'이 스트레스지수에 어떤 변화를 가져오는지를 써본다. 심박수(心搏數_일정한 시간 안에 일어나는 심장 박동의 횟수) 측정 등 '스마트 챌린지smart challenge'에 도전해 보는 것도 심상훈련에 도움 될 것으로 기대한다.

글쓰기엔 힘이 있습니다. 기록 속에 진짜를 향하는 고유 상수constant, 常數를 인지하기 때문입니다. 고통하고 두려워하는 나를 주시합니다. 내가 그렇게까지 화를 내야 할 일이었나…하는 마음이 흘러나옵니다. 링의 법칙 원리실행이 반복되다보면 그런 나를 바라보는 것만으로도 화가 진정되는 것을 느낍니다. 사이클이 번복되면 될수록 사건의 맥락이 확연해지고, 무엇보다 사람에 매여 사는 자기감정이 선명히 드러납니다.
여기에 마음과 마음 사이에서 흐르는 심상을 글쓰기로 이어갈 수 있다면, 훨씬 안정적이고 효율적으로 두려움이나 화로부터 벗어날 수 있습니다. 이러한 '진검승부'는 상대에게서 시선을 두고 자기 판단의 틀에 매어있던 감정에서부터 벗어나는 것으로 시작됩니다.

누군가에게 화가 난다는 것은 개체적 자기, 즉 자기감각 자기기준 자기틀 안에서 '자기 법'을 휘두르는 일과 다름 바 없죠. 그 칼에 상대도 더 힘을 내어 공격하고 나 역시 괴롭고 힘들어집니다. 마음좌표의 X축 나를 바라보며 무작정 흘러나오는 무엇이든 받아 적어보길 바랍니다. 글을 쓴다는 것은 정직과 절제의 힘을 길러줍니다. 글은 수많은 수정과 삭제를 요구하므로, 거짓으로 쓴 것은 얼마 후엔 써지지 않는 것을 경험하게 됩니다.

쓰기의 또 다른 장점은 어떤 사건에 대해 객관적 시선을 갖게 합니다. 말은 상대를 향하게 하지만, 글은 자신을 향하게 하며 정직해집니다. 반드시 노트가 아니어도 좋습니다. 메모장이나 스마트 폰의 '나에게-톡'을 활용하여 글쓰기를 시작하면 간편합니다.

마음에 고여 있던 모든 것이 토해져 나오고 나면 굳이 수정 삭제를 하지 않아도 뭔가 홀가분해진 기분을 느낄 수 있습니다. 이렇게 화내려고 살아왔던가? 사람을 향해 시비하던 마음이 사라지며 자기 자신에 대해 솔직해지는 시간을 갖게 됩니다.

흔히 긍정의 마인드를 중요하게 여기지만… 링의 법칙은 이와는 다릅니다. 긍정 마인드로 무장한 나는 어느 선까지는 긍정으로 무장(위장)할 수 있어도, 어느 순간부터는 긍정 마인드가 왜곡현상을 일으키며 더 큰 화를 입힐 수 있기 때문이죠.
'좋은 습관'을 만들라거나 '긍정의 힘'으로 살라거나 하는 등의 조언을 많이 듣지만, 잘 안되는 이유는 이러한 가르침이 나(개체의식)라는 의식의 주체를 그대로 둔 채 학습된 것이기 때문입니다. 그것이 부정의 것이 되었든 긍정의 힘이 되었든 이제까지의 나의 영역, 곧 '선악과'에 뿌리를 둔 것이기에 얼마 후엔 다시 '쓴 뿌리'에서 쓴 열매가 달릴 수밖에 없습니다. 다시 말해 진리의 축이 아닌 자기중심에서 상대를 따지는 마음좌표이기에, 디폴트되는 자기변화를 입기 전까진 맴맴 도돌이표인 것이죠.

자기 벗어남(메타노이아, 회심, 재의 자리)의 과정이 선행되지 않으면 자기범주 안에서 벌어지는 착한 마음이거나 악한 마음의 한 조각일 뿐이기에. 나로부터 벗어나는 메타노이아, 즉 초기화가 먼저입니다. 개체의식에서 전체의지로 넘어가는 메타노이아의 지검을 통과한 후 발견되는(눈을 뜨는) 하늘시선은 세상을 품어가는 아름다운 정신, 긍정의 마인드를 경험하게 할 것입니다.

내 안의 비전 찾기

여기 구멍 하나가 있어요. 이 구멍에 구슬을 던져 넣으려고 할 때 그 구슬이 구멍에 몇 개나 들어갈까요? 한 개… 두 개… 네 개… 다섯 개… ? 분명한 것은 대단한 훈련이 따르지 않으면 구슬이 구멍에 다 들어갈 확률은 거의 없다고 보아야겠지요.

법륜스님은 상대 배신에 눈물을 쏟는 한 방청객을 향해 이렇게 묻습니다.

내가 상대를 믿어 그가 모두 내 마음처럼 움직여지길 바란다면, 이 구멍에 구슬을 던져 다 들어가길 바라는 마음과 무엇이 다르겠습니까?

허망하고 헛된 것에 우리는 의외로 많은 시간을 허비합니다. 왜 그럴까? 도로원표가 특정한 길에서 출발하듯 각 사람은 자신의 원표, 즉 특정한 개체인 '자기'에 기준을 두고 출발하기 때문입니다. 광화문은 김포의 동쪽, 서울은 강릉의 서쪽… 부산은 서울의 남쪽, 독도는 대전의 동쪽 방면이라 말합니다. 다 자기가 서 있는 지점으로부터 동서남북이 뻗어 나갑니다. 하늘에서 보면 다 같은 바다 위 점 하나일 텐데.

조감도의 시선은 세상에 얽힌 수많은 사연들을 품으며, 저 별은 저 별이고 이 별은 이 별임을 알게 합니다. 모두 한 은하계를 이루는 빛의 존재로서, 상대를 인정하고 품으며 '빛의 인격' 진정한 사람으로 나아갑니다.

꾸준하고 지속적으로 X좌표 내 마음 들여다보기는 쓰기와 실행의 반복을 통해 불필요한 마음에 지배받는 일을 줄입니다. 내면의 영성은 더욱 확장시켜갈 것입니다.

조감도시선으로 바라보기

인간에게는 그에 대해 자주, 그리고 계속해서 숙고하면 할수록 점점 더 새롭고 점점 더 큰 경탄과 경외로 마음을 채우는 두 가지가 있다. 그것은… 내 위의 별이 빛나는 하늘과 내 안의 도덕법칙이다. **칸트**

1. 화나는 일이 떠오를 때 상대의 모습은 무시하고 지나친다.
2. Y축에 반응하는 나를 지나쳐 X축으로 이동한다. 나는 상대에게 어떠했는가?
3. 상대를 향해 화를 내는 내 모습을 주시한다. 나는 진정 누구인가?
4. 감정과 물질 사람에 매여 사는 나는 누구인가, 진짜 나인가?
5. 성경이나 불경, 그 밖의 깨달음에 관한 글을 한 구절씩 인용하며 묵상한다.
6. 은하계를 바라보듯 우주창조 속에서 태어난 각자마다의 생명의 존엄성을 생각한다.
   나에게 주어진 비전이 있음을 관찰하고 깨닫는다.

하늘에 떠다니는 구름 같기도 하고, 바다에 둥둥 뜬 섬처럼도 보이는 이것은? 최진석 교수의 '왜 지금 혁명인가?' 강의에서 만난 비전은 의외로 가까운 곳에 있었습니다.

선진화로 가는 혁명을 일으키려면 개개인 가슴 속에 숨겨진 빛을 발견하고, 자신의 욕망을 표현하며, 바라고 하고 싶고 좋아하는 일에 집중하라. 이때 비전이 생겨나고 창의성이 발휘되면서 호기심과 궁금증을 질문하는 사람이 될 수 있다.

선진先進은 문물의 발전단계나 진보 정도가 다른 것보다 앞서는 것을 의미합니다. 새로운 길로 갈 수 있는 용기와 힘이 있어야 합니다. 결국 선진으로 가는 길은 모르는 그것을 알고자 하는 힘으로부터 출발합니다. 질문은 무지에 갇힌 자신을 알아차리고 미로를 벗어나게 합니다. 풍랑이는 바다 위 닻의 역할을 하며 선진의 길을 찾아… 유레카, 느낌표를 향해!

물음표?

느낌표!

다른 것인가? 잘 살펴보면, 닮은꼴입니다. 그 옛날 이 같은 이미지를 사실로써 확증해준 한 인물이 있습니다. 고대 그리스의 철학자 수학자였던 아르키메데스. 물음표가 느낌표가 되던 순간을 그는 이렇게 역사에 새겼죠.

알겠어, 바로 이거야!

아르키메데스의 유레카eureka는 발견의 기쁨을 노래하며 고대의 시간을 매우 '사이언스'하게 바꾸어놓았습니다. 또 그는 자신에게 적당한 장소와 충분히 긴 막대기만 준다면 지구라도 들 수 있다고도 주장하기도 했죠. 막대의 길이가 길면 길수록 가까운 쪽의 물건을 들어 올릴 때 필요한 힘이 적어진다는 사실을 상징적으로 알린 것입니다.
자칫 허풍쟁이로 몰릴법한 수학자의 언행은 동시대 권에 있던 장자의 '큰 박' 논쟁을 한편 떠올리게 하면서 발견의 기쁨에 젖어들게 합니다(장자의 출생사망연대는 BC369~BC289, 아르키메데스는 BC287년~BC212년경).

만일 '나는 인생을 힘들게 싸우며 살아갈 것이다'라고 우기면, 우주는 또한 그렇게 힘들게 살아가게끔 할 것이다. 그래? 그렇다면 힘들여 싸우고 싶다면 싸울 일거리들을 찾아다주지'라고. **고대 민담**

비전은 조감도의 시선이 확보될 때 나타나는 자연현상입니다. 빛이 인디라의 구슬처럼 방울방울 번져갑니다. 히브리어 '라키아'는 궁창(푸른하늘)을 뜻하는데, 멀리… 널리 나가는 특성을 갖고 있죠. 진리의 빛은 그렇게 세상을 향해 나갑니다. 전체가 하나인 시공간에 블루프린트를 펼칩니다. 조감도의 시선은 겨자씨 하나에 세상을 담으며 알파요 오메가의 시간을 타고 내 안의 비전과 통찰을 깨웁니다.

새처럼 날고 싶다.

이런 염원이 있다면 '날개'가 있는지 살펴보아야 하겠죠. 그래야 창공을 날 수 있으니까. 그렇다면 우리 인간에게 날개는 어디에 있는 걸까? 하늘에 띄우는 힘, 양력이 1차 날개입니다. 하지만 그 날개는 유감스럽게도 천사의 날개처럼 우아하게 나타나는 게 아닙니다. 양력은 공기마찰과 저항을 통해 얻어지는 에너지니까요.

새도 1차 날개를 얻기 위해 순풍 아닌 역풍을 선택합니다. 그래야 저항을 통해 양력이라는 힘을 얻을 수 있으므로. 물론 죽은 새라면 순풍에 끌려 다닐 것입니다. 사람도 순풍의 삶을 기도하면 비전이 나타나길 포기해야 합니다.

그 다음은 2차 날개를 다는 일이죠. 힘이 빠져야 합니다. 힘이 빠져야 내 안에 날개가 달려있음을 발견하게 됩니다. 슬픔 고난 상처 결핍 우울함 조차도 내 힘을 빼게 하는 날개의 요소가 되어줍니다. 이 역시 유레카, 발견의 기쁨인 거죠. 삶에 힘을 들이면 날개가 사라지고, 힘을 빼면 날개가 나타납니다. 천체의 궤도에 들어갈 때 요구되는 자연의 법칙입니다.

심령이 가난한 자는 복이 있나니 천국이 저희 것임이요 **마태복음 5:3**

심령이 가난한 자가 누구인가? 한 마디로 자기 힘이 빠진 사람들입니다. 어떤 사연으로든 '나'로 알고 있는 육신이 한계에 이를 때 날개가 펼쳐지는 것을 발견하게 됩니다. 하늘이 보이니 그것이 복인 것이죠.

결국 비전에 관한 이야기는 다시 진리의 자리로 돌아갈 수밖에 없습니다. 전체가 하나임을 아는 것, 진리의 자리는 인간의 창조의식을 움트게 하므로. 물론 유레카를 외치고 싶다고 아르키메데스나 장자가 될 수는 없는 일. 하지만 우리 모두에겐 희망이 있습니다. 그것은 '오늘'이라는 시간 안에 갖은 고생 고난을 치르며 걸 사람 내가 깨질 확률을 안고 살아가는 현실이 있기 때문입니다.

이 말은 곧 속사람 내면의 빛이 어둠 속 별빛처럼 새어나오며 진짜 나를 만나는 의식을 갖게 합니다. 개개인의 빛을 발견해가는 기쁨은 비전의 실체로 이어집니다. '지니의 요술램프'처럼 미래에 대한 강력한 소망을 제시해줍니다. 학습된 AI가 지배하는 오늘날 판도라상자에 남아있는 희망은, 비전의 날개를 타고 우리 삶을 보다 자유롭고 유익하며 가치 있는 쪽으로 바꾸어갈 것입니다.

그럼에도, 아름다운 어린왕자는 그날 몹시 화가 나 있었습니다. 금발 휘날리던 어린왕자가 비행기 아저씨와의 대화에서 화를 내는 모습이 저토록 진실될 수 있구나 싶어 마지막 페이지에 어린왕자의 글을 옮깁니다.

다섯째 되던 날, 어린왕자가 느닷없이 내게 물었다.

-양이 말이야, 작은 나무를 뜯어먹는다면 꽃도 뜯어먹겠지?

-양은 닥치는 대로 뭐든지 먹지.

-가시가 있는 꽃도 먹어?

-그럼, 가시 있는 꽃도 먹지.

-그렇다면 가시는 뭣에 쓰는 거지?

나는 그걸 알 수가 없었다. 나는 그때 엔진에 너무 꽉 조여진 볼트를 빼내는 일에 잔뜩 정신이 팔려 있었다. 비행기의 고장이 매우 심각하다는 느낌이 들기 시작했고 또 마실 물도 얼마 남지 않은지라 최악의 경우가 예상되는 상황이었기 때문에 걱정이 이만저만이 아니었다.

-가시는 뭣에 쓰는 거지?

어린왕자는 한 번 물어보면 결코 그냥 넘어가는 법이 없었다. 나는 볼트 때문에 신경이 곤두서있던 중이라 아무렇게나 대답해버렸다.

-가시, 그건 아무 쓸모도 없는 거야.

-그래?

잠시 아무 말이 없다가 어린왕자는 원망스럽다는 듯이 이렇게 톡 쏘아붙였다.

-거짓말하지 마! 꽃들은 연약해. 그리고 순진해. 꽃들은 자기들이 할 수 있는 만큼 자신을 보호하는 거야. 가시가 있으니 자기들은 무서운 존재라고 생각하는 거라고.

어린왕자

천망회회天網恢恢

소이불실疎而不失

하늘의 그물이 너무 커서 성긴 듯하지만 빠뜨림이 없다. **노자**

글을 마치며

아침빛 스미는데, 느낌표가 되어 돌아온 물음표 셋!

첫 번째 질문은 인간이 왜 사냐는 거였다. 여덟 살에 간신히 한글을 깨치고는 열 살 되던 해 위인전 '부처님 생애'를 읽다가 얼어붙고 만 글자, 생로병사!

다섯 손가락을 헤아려보았다. 생生, 나는 태어나 있다. 남아 있는 '노병사老病死'. 어느 것도 취하고 싶은 게 아니다. 늙고 병들고 죽는데 인간은 왜 사나? 한글의 깨우침은 확실한 물음표 하나를 던지고 있었다.

두 번째 질문은 중학교 도덕시간. 첫 수업은 또 다른 의문을 남기며 사춘기를 애통하게 만들었다.

-태어나기 전에 어디 있었나? 아는 학생 있으면 손 들어봐.

다들 꿀 먹은 벙어리. 병아리 학생들에게 선생님은 어깨를 으쓱이며 태생의 무지를 나무랐다.

-인간은 말이야, 망각의 강을 건너 이 세상에 왔거든.

망각의 강 '레테'! 그 강을 건너 이 세상에 온 바람에 우린 지난날의 기억을 몽땅 잊은 채 살아가게 되었다는 것이다. 레테Lethe, 대체 어디 있는 강이야?

세 번째 질문, 성경을 읽다가 또 다시 걸리고 말았다. '간음 중 잡힌 여인' 앞에서 성자는 무언가를 땅바닥에 썼다는 것이다.

-예수께서 몸을 굽혀 손가락으로 땅에 쓰더니 이르시되 너희 중에 죄 없는 자가 먼저 돌로 치라 하시고 다시 몸을 굽혀 손가락으로 땅에 쓰시니…

대체 뭐라 쓰신 게야? 못내 궁금하여 이곳저곳 쫓아다녀봤지만 의례한 답만 되돌아올 뿐 무릎을 칠 답을 얻기란 어려웠다. 두루마리 길이가 짧아서, 먹물이 떨어져서?

청춘은 흐르고 생로병사는 여전히 오리무중. 답 없는 인생살이가 서러워 질문의 향방을 찾는 일이 일상다반사가 되었다. 마음속 떠나지 않는 세 가지 질문이 결국 하나임을 알기까지 무궁화는 피고지고 다시 꽃피우고… 무궁의 신비는 뜻하지 않은 곳에서 불쑥 드러나 삶의 고난을 돌파해가니 놀랍다.

궁즉변 변즉통 窮則變 變則通

…궁하면 변하고, 변하면 통한다!

절망의 순간에 날아오를 수 있었다면 가짜 나를 벗으라는 하늘 뜻이다. 행운은 내 생각 반대편에서 온다는 것을… 나를 찾아 떠나는 길에서 만난 어둠 속 별은 마침 내 마이너스의 마이너스는 플러스를 이루고…

진리를 알지니, 진리가 너희를 자유하게 하리라!

2024년 여름 북한강가, 이영아

마음기술

발행일 · 초판1쇄 2024년 8월 31일

펴낸이 · 이기와

지은이 · 이영아

그림 · 오치규

디자인 · 페이퍼마니아

인쇄제작 · 아람토탈시스템

발행처 · 콘텐츠1 Books | proleea@naver.com

ISBN 979-11-987942-0-8

정가 19,000원